바이어가 몰려온다!

바이어가 몰려온다!

초판 1쇄 인쇄 2022년 11월 5일
초판 1쇄 발행 2022년 11월 15일

지은이 김민규
발행인 김우진

발행처 북샾일공칠
등록 2014년 2월 13일 제2013-000365호
주소 서울시 마포구 월드컵북로 402, 16
전화 02-6215-1245 | **팩스** 02-6215-1246
전자우편 editor@thestoryhouse.kr

ⓒ 2022 김민규

ISBN 979-11-88033-11-9 13320

· 북샾일공칠은 (주)더스토리하우스의 자기계발, 실용서 출판 브랜드입니다.
· 이 책 내용의 전부 또는 일부를 재사용하려면 반드시 동의를 받아야 합니다.
· 책값은 뒤표지에 있습니다.

영업력을 키워
매출을 상승시키는
핵심 패턴 30

바이어가
몰려온다!

김민규 지음

BooK #107
북삼일공칠

바이어가 찾아온다,
매출이 상승한다!

"어떻게 하면 수출을 잘할 수 있을까요?"

업종 특성상 많은 수출 초보자를 만나는데 이렇게 질문하는 사람이 종종 있다. 신용장을 받거나 현금환으로 대금을 받고, 제품을 생산한 후, 수출 신고하여 선적을 진행한다는 말은 하지 말자. '서울대 가려면 어떻게 하나요?'라는 질문에 2호선을 타고 서울대역에서 내리면 된다는 말과 같은 것이니까.

관세법, 적하보험, 해상운송, 항공운송, 국제 거래 규약, 외환관리법 등의 관리적 내용과 절차는 미리 배워 놓으면 물론 좋다. 하지만 극단적으로 말하면, 이 절차는 마케팅과 세일즈를 먼저 생각한 후 해도 늦지 않다.

해외 마케터로서 실전에 투입되어 매출을 만들어내야 하는 입장이라면 어떨까? 바이어 발굴 작업부터 시작해서 발주받고 재발주를 이끌어내기까지, 실전에서 치고 받으며 쌓은 경험과 저비용 고효율의 마케팅 기법이 필요하다.

그러면 해외 마케터는 이렇게 질문해야 한다.

"어떻게 하면 해외 매출을 상승시킬 수 있을까요?"

바이어가 나에게 모여들게 한다. 그리고 그들이 사게 한다. 간단하다. 이 두 문장이면 된다. 너무 간단한 것 아니냐고? 복잡하게 생각하면 한도 끝도 없다. 핵심 딱 잡고, 거기에 필요한 것 몇 개 붙여 일단 시작하면 된다.

되지도 않는 무역영어로 맨땅에 헤딩하던 신입사원 시절이 있었다. 15년이 지나니 해외 전시장에서 몇 마디 말로 100만, 1,000만 달러 가치의 가망 바이어가 '꼭 연락합시다'라고 말하도록 만들게 됐다.

편안한 사무실에 앉아 펜대 굴리며 시간 지나니 저절로 그렇게 됐으면 좋았겠다. 하지만 내 팔자에 그럴 일은 없었다. 밑바닥부터 깨지고, 까이고, 사기당하며 경험을 쌓았다. 어떻게든 해보려고, 시차고 뭐고 모르겠고, 잠 못 자며 다크서클이 턱밑까지 내려오는 날이 허다했다. 그러다 보니 실전에서 먹히는 노하우가 하나씩 쌓였다. 나는 어떻게든 해내야 했으니까.

이 책을 읽는 당신은 다음과 같은 이익을 얻을 것이다.

첫째, 당신은 바이어가 거절할 수 없는 메시지를 만들 수 있다. 우리에게, 우리의 제품에 관심을 보일 수밖에 없도록 만들 수 있다. 사람은 감정으로 사고, 논리로 스스로를 설득한다. 동네 구멍가게에서도 가격을 일일이 따져보고 물건을 사는데, 무슨 헛소리냐고? 우리 영리한 인류는 수천수만 년의 역사가 있고, 그 와중에 심리학이라는 학문도 만들었다. A라는 심리 버튼을 누르면 대체적으로 B라는 행동을 한다고 증명해냈다.

수출하려면 있어야 한다고 하니까, 그럴싸해 보이는 것을 보고 대충 만들어 놓은 영문 홈페이지, 바이어에게 생각 없이 보내는 이메일, 사라고 만든 건지 만들라고 해서 만든 건지 모르겠는 제품 소개 페이지의 메시지부터 당신은 바꿔낼 수 있다.

둘째, 교양으로 알고 있으면 좋을 이론 말고, 밀리면 새 되는 해외 영업 현장에서 터득한 실전 협상 노하우를 알 수 있다. 이론에만 치중하거나, 멋들어진 글로벌 비즈니스 무용담만 늘어놓는 책과는 다를 것이다.

미국의 협상 구루, 허브 코헨은 이렇게 말했다. '인생의 8할은 협상'이라고. 우리가 하는 해외 영업의 8할은 상대의 생각을 바꿔서 우리가 원하는 방향으로 움직이게 만드는 협상이다. 이 책에 나온 노하우를 제대로 익히면 스스로 협상을 즐기며 할 수 있음은 물론, 후배들 코칭하기에도 부족함이 없다.

셋째, 실제로 수출 마케팅, 해외 영업을 하다 마주칠 수 있는 다양한 문제에 적절하게 대처할 수 있다. 해외 마케터가 매출이 안 돼 고민할 때, 무슨 말인지도 모르겠는 이론적 조언은 별 도움이 되지 않는다. 이 책에서 장애물을 돌파하는 실질적인 팁을 아낌없이 공개한다.

해외 마케팅 좀 했다고 하는 직장인 중 항공사가 떠받든다는 밀리언 마일러(한 항공동맹에서 마일리지 백만 점 이상 쌓으신 분)를 자랑하는 분을 종종 본다. 나는 그런 거 없다. 그때그때 싼 표 사서 다녔다. 마일리지 없는 저가 항공사도 이용했고, 항공동맹 여기저기에 마일리지가 흩어져 있기도 하다.

대신에 닥친 문제를 해결하기 위해 공부하는 돈은 아끼지 않았다. 10만 원짜리 온라인 강의부터, 수천만 원짜리 전략, 마케팅, 세일즈, CRM 컨설팅까지 받았다. 연 매출 10억 원대의 소기업부터 1조 원대 중견기업까지의 수출 마케팅, 해외 영업 현장의 실전 경험과 해결을 위한 노력을 모아 이 책에 담았다.

매출 상승 5동화(매출 상승 5토메이션Automation)

15년의 실전 경험과 수출 마케팅, 해외 영업의 최신 기법을 모아 '매출 상승 5동화(5대 영역 자동화)'를 만들었다. 이 실질적 방법론은 실전의

각 장면에서 다음과 같이 구성된다.

1. 자동으로automatically 사용해야 하는 끌리는 메시지 만들기(끌동화)
2. 고객이 자동으로 설득되게 만드는 세일즈 화법(말동화)
3. 자동화automation해야 하는 온라인 마케팅 전략과 툴(마동화)
4. 직원들이 스스로 전략, 전술을 수립하고 성과를 창출할 수 있게 만드는 조직 관리(人동화)
5. 그리고 각 요소에서 자동으로 적용해야 하는 심리 법칙과 멘털(心동화)로 구성

5가지 요소가 반영된 매출 상승 핵심 패턴 30개를 연습하고 실무에 적용할 수 있도록, 각 패턴의 말미에 실천하기 코너를 마련했다. 현대 그룹을 일군 정주영 회장의 어록 중 좋아하는 말이 있다.

"해봤어?"

'해볼 수 있'도록 자신의 상황에 맞게, 다음 패턴으로 넘어가기 전에 실천하기 코너에서 무엇이라도 적어보자. 이 책은 지식을 쌓기 위한 책이 아니다. 성과를 내기 위한 책이다. 성과를 내기 위해 실천하고 질문이 있으면 네이버 카페 '수출자동화연구소'에서 피드백을 받을 수 있다.

차례

마동화: 매출 자동화가 되는 마케팅
하루 3만 개의 소음을 뚫는 법

人동화: 매출자동화가 되는 조직 관리
시스템으로 사람을 지켜라

心동화: 심리 활용으로 매출 자동화
A라는 심리버튼을 누르면
B라는 행동을 한다

끌동화:
매출 자동화가 되는
끌리는 메시지

바이어가
자석처럼
끌려온다

매출 상승 핵심 패턴 1

365일 24시간 돈 잘 버는
해외 영업사원

어느 해외 영업사원이 있다. 365일 24시간 쉬지 않는다. 열정적으로 영업한다. 바이어가 가진 고민을 한눈에 파악하고, 순식간에 해결한다. 월급을 받지 않는데도 불만이 없다. 그와 만난 잠재 바이어들은 이렇게 요청한다.

"무척 흥미롭군요. 당신의 제품과 회사에 대해 더 설명해줄 수 있나요?"

"그런 멋진 제품이 있었나요? 어떻게 하면 샘플을 가능한 빨리 받아볼 수 있을까요?"

"혹시 이쪽으로 출장 올 계획이 있나요? 아니, Zoom 미팅합시다. 언제가 좋을까요?"

이 직원은 여전히 열심히 일한다. 처음 만나는 잠재 바이어부터 재발주를 준비 중인 기존 바이어까지 계속 커뮤니케이션을 한다. 회사가 생산할 수 있는 수량을 초과하는 발주를 계속 받아온다. 이런 해외 영업사원이 있다면 어떻겠는가? 그런 해외 영업사원을 회사에 들이거나 당신의 비서로 만드는 방법이 있다. 바로 끌동화이다.

끌동화가 뭐지?

'끌리는 메시지'와 '자동화'를 합성한 신조어인 끌동화는 뇌가 자동으로 선택하게 만드는 원리를 활용한 끌리는 메시지 만들기이다. 지난 100년 동안의 영미권 세일즈 레터와 직접 반응 마케팅에서 사용된 기법 중 현장에 맞는 것들로 추리고 보완했다. '눈길을 사로잡는 제목', '뇌리에 꽂히는 단어', '클릭할 수밖에 없는 문구' 등을 해외 영업 실전에 맞게 재정립했다.

뇌는 에너지 구두쇠이다. 에너지를 많이 소모하게 만드는 복잡하거나 끌리지 않는 메시지를 싫어한다. 심지어 코로나19로 인해 비대면 마케팅 상황이 폭발적으로 증가했다. 온라인 마케팅의 기본은 글이다. 호기심이 생기지 않는 글은 가뜩이나 읽을 거리가 많아진 뇌를 더욱 피곤하게 만든다.

해외 마케팅을 할 때 글, 이미지, 영상으로 소통하는 것은 기존에도 중요한 부분이었다. 코로나19로 비대면 환경이 급격히 확장된 지금,

그 중요성은 더욱 커졌다. 한마디로 끌동화란 내가 의도한 대로 바이어를 움직이는 해외 마케팅 메시지 만들기이다.

돈이 드는 글 vs. 돈이 되는 글

그렇다면 끌동화는 어디에 쓸 수 있을까? 거래를 시작하기 위해 우선, 우리가 누구인지 밝혀야 한다(회사 소개서). 우리가 어떤 제품을 파는지 알려야 한다(B2B라면 제품 소개서, B2C라면 상세페이지). 바이어에게 텔레파시로 연락하지 않는 이상, 이메일이나 메신저로 연락해야 한다(이메일과 메신저의 제목과 문구). 그 밖에도 홈페이지, 브로서, 뉴스레터, 제안서, DM, 온라인 광고, SNS 포스트, 제품 데모, 미디어 광고, 영상 대본, 포스터, 소책자, 전시장 배너, 카탈로그, FAQ, 구독신청 양식, 랜딩 페이지, 유튜브 섬네일, 웨비나 안내, 산업 보고서, 매뉴얼, 계약서, 기사, 블로그 포스트, 프레젠테이션 등에 쓰인다.

메시지가 들어가는 모든 부분이 끌동화를 쓰는 곳이다. 앞서 언급한 것들은 365일 24시간 우리의 타깃에게 노출된다. 끌동화를 할 수 있으면 심지어 사내 보고서, 이력서, 자기소개서 등에도 사용해 상대를 설득할 수 있는 강력한 무기가 된다.

예를 들어, 당신이 화장품 제조 전문회사에서 해외 브랜드사를 상대로 B2B 영업을 하고 있다고 해보자. 비타민C를 사용한 크림 신제품이 나왔다. 당신은 이 신제품을 바이어에게 알려서 문의가 오게 만들고 싶다. 이메일을 보내려고 한다. 제목을 뭐라고 쓸 것인가? 읽기를 멈추고 5초만 생각해보자.

끌동화 적용 전: 돈이 드는 글

"비타민C 크림 출시!"

"비타민C 함유 항산화, 미백 크림 출시!"

끌동화 적용 후: 돈이 되는 글

"베스트셀러 크림, 콘셉트가 궁금한가요?"

"베스트셀러 크림, 7가지 비밀"

끌동화 적용 전에 쓴 제목에는 중심이 당신의 제품(비타민C를 사용한 크림)에 있다. 끌동화 적용 후에는 타깃 고객의 니즈에 중점을 둔다. 예시에서 타깃은 화장품 브랜드사에서 신제품을 개발하는 사람이라고 했다. 새로운 원료에 대한 자료를 지겨울 정도로 보고 또 본다. 뻔히 아는 내용이라고 생각한다. 메일 제목에 무엇을 제안하는지 나와 있다(비타민C를 넣은 크림을 출시했구나). 흥미가 동하지 않는다. 궁금하지 않다.

그렇다면 타깃이 직업적으로 반드시 해결하고 싶은 문제는 무엇일까? 베스트셀러를 개발하는 것이다. 사람은 자신이 필요한 것에 끌린다(베스트셀러). 질문을 받으면 자동적으로 대답하려고 한다(궁금한가요?). 숫자로 몇 개가 있다고 정리해준다(7가지). 인간은 복잡한 것을 싫어하고 단순하게 정리된 상태를 좋아한다. 자신도 모르게 이끌려 클릭하고 읽게 만든다. 앞서 든 여러 사용처에 끌리는 메시지를 넣으면, 우리가 의도한 대로 타깃이 움직일 가능성이 더욱 커진다.

끌동화를 적용하지 않은 채 온라인 광고, 콘텐츠 마케팅을 한다고 생각해보자. 광고 문안과 콘텐츠는 사람이 만든다. 인건비가 들어간다. 광고를 위해 광고비를 지불한다. 콘텐츠를 노출할 매체 운영비가 나간다. 클릭도 안 되고, 고객의 마음도 움직일 수 없는 메시지는 쓰레기다. 쓰레기를 보내기 위해 헛돈 쓰지 말자.

끌동화의 심리학

끌동화에는 인간의 심리가 반영된다. 예를 들어보자. 뇌는 질서가 없으면 불안해진다. 불확실한 상황을 싫어한다. 간단하게 정리된 패턴이 있으면 편안해한다. [아웃소싱을 싸게 하는 비결들]보다 [아웃소싱을 싸게 하는 5가지 비결]을 선호한다. 몇 가지가 있다고 정해주면 더 끌린다.

인간 심리는 비어 있는 부분을 채우고 싶어 한다. 우리의 제품에 독특한 콘셉트가 있고, 우리의 타깃 바이어가 제품 수입상이라고 가정해보자. [수입상이 유통상과의 협상에서 우위에 서려면 콘셉트 있는 제품을 취급해야 한다]보다 [수입상이 유통상과의 협상에서 우위에 서려면?]이라는 이메일 제목을 클릭할 가능성이 더 크다. 비어 있는 부분이 있기 때문이다. 인간의 심리는 A라는 버튼을 누르면, B라는 행동을 하게 되어 있다. 심리가 작동하는 방식이 적용되어 있다.

손실을 피하고 싶은 심리를 적용해보자. [신제품 개발을 위해 해야 할 7가지]보다 [신제품 개발을 위해 하지 말아야 할 7가지]에 신경이 더 쓰인다. 동일 금액일 때, 얻는 것보다 잃는 것에 대해 더 강하게 반응한다는 행동경제학자 대니얼 카너먼 교수의 실험 결과가 있다. 내친김에 한 걸음 더 들어가 '절대'라는 단어를 넣어보자. [하지 말아야 할 7가지]보다 [절대 하지 말아야 할 7가지]에 더 끌린다.

같은 의미, 다른 표현

화창한 봄날, 눈이 먼 노인이 길에서 구걸을 하고 있었다.

'저는 장님입니다. 도와주세요'라고 적힌 푯말이 옆에 놓여 있었다.

깡통엔 동전이 서너 개뿐이었다. 그때 지나가던 남자가 길을 멈추고, 푯말을 뒤집어 무언가를 적어 놓았다. 남자가 가고 나서 깡통에는 돈이 쌓이기 시작했다.

남자를 다시 만난 노인이 물었다.

"뭐라고 적으셨어요?"

"의미는 같지만 표현을 다르게 했습니다."

그 푯말에는 이렇게 적혀 있었다.

'봄입니다. 하지만 저는 그걸 볼 수가 없군요.'

광고계의 전설, 데이비드 오길비의 일화이다. 같은 뜻이어도 무심히 지나치게 하는 메시지가 있고, 사람을 움직이게 하는 메시지가 있다. 같은 의미지만 표현을 다르게 하면 마음을 움직일 수 있다. 바이어가 접하는 마케팅 메시지에 적용하여 바이어의 마음을 움직이게 만들 수 있다. 목적에 맞게 제대로 만든 끌리는 메시지가 365일 24시간 돈 잘 버는 해외 영업사원이다.

1. 자신이 기존에 썼던 메시지를 찾아보자. 거래 제안, 신제품 제안 이메일 제목, 회사 소개, 제품 소개 문구 등

---

2. 1번에서 찾은 메시지에 끌동화를 적용해 수정해보자.

매출 상승 핵심 패턴 2
몸이 천 냥이면
눈은 구백 냥

항공기가 비행 중 가장 많은 연료를 사용하는 구간은 어디일까? 비행기는 활주로를 달려 이륙한 후 일정 고도로 상승하여 수평으로 날아가 목적지에 가까워지면 하강비행을 하여 착륙한다. 활주로를 달려 날아오르기 시작하여 일정 고도에 올라 수평비행을 하기 전까지, 이동 거리 대비 가장 많은 에너지를 사용한다. 제주행 비행기가 김포에서 이륙하는 데 소모되는 연료가 전체 비행 구간의 50%라는 조사 결과가 있다.

우리가 고객에게 온전한 글의 구조로 메시지를 전달하는 이 구조가 비행기가 활주로를 달리는 순간부터 목적지까지 가는 항로라고 해보자. 비행기가 이륙해야 일정 고도로 날아갈 것 아닌가. 가장 신경 써야 할 부분은 비행기가 이륙하는 부분인 이메일 제목, 헤드라인, 캐치카피 등 뭐라고 부르건 고객에게 처음 보이는 부분이다.

첫 만남에서 보는 이의 눈에 띄어야 그다음을 보게 할 수 있다. 소개팅에 나가 뭔가 더 알고 싶어야 한 번 더 만난다. 메일 제목을 클릭하게 만들어야 온라인 광고 배너를 보게 하고, 홈페이지에 있는 견적 문의 버튼을 클릭하게 만들어야 그 안에 있는 내용을 읽게 만들 수 있다. 어떻게 하면 바이어가 우리의 첫 메시지를 0.3초 안에 클릭하게 만들 수 있을까?

손실, 이익, 숫자, 질문, 통념상충 5가지 테크닉을 사용한다. 상대의 호기심을 유발하고 클릭하지 않으면(내용을 더 알아보는 행동을 하지 않으면) 찝찝하게 만드는 방법이다.

손실 강조 테크닉

[당신만 모르는 아웃소싱 시크릿]

모두 알고 있는데, 나만 모르는 무엇인가가 있다? 그것도 내가 하는 일에서? '다들 알고 있어서 이익을 얻고 있는데, 당신만 몰라서 손해 보고 있다'는 뉘앙스를 풍긴다.

[개발자 누구나 꼭 하는 실수 ~ 그래서 고객이 오지 않는다]

내가 실수를 한다고? 그러면 막아야지! '당신을 포함한 모두가 하고 있는 실수여서 그것이 무엇인지 알고 싶다'는 생각을 불러일으킨다.

[마케팅 상식에 속지 마라]

거의 모든 사람이 상식선에서 행동하고, 업계 상식을 알고 있다고 생각한다. 하지만 자신이 그 상식에 속고 있다고 생각하면 궁금하지 않겠는가? '당신은 지금 상식에 속아서 손해 보고 있다'는 의미를 내포한다.

[신제품 개발에 실패하는 사고 패턴]

실패를 원하는 사람이 있겠는가? 그 실패를 피하고 싶지 않겠는가? '실패를 피하고 손실을 미연에 방지하라. 혹시 이 실패하는 패턴에 빠져 있다면 알아차려라'고 충동질한다.

[순조롭던 승진에 숨어 있던 리스크]

순조롭게 진행되는 것 같았는데 거기에 위험이 숨어 있다고? '잠재된 위험을 미리 감지하여 손실을 방지하라'고 알려준다.

이익 제시 테크닉

[제품 개발의 성공은 콘셉트가 좌우한다]

'성공'이란 표현으로 일이 잘 풀리는 느낌을 준다. '성공'의 앞(A)과 뒤(B)에 바이어가 필요한 것들을 넣어 구체성을 더한다. B는 A가 성공하기 위해 꼭 필요한 것이다.

[돈 버는 마케터는 이것이 다르다]

'돈 버는' 뒤에 바이어의 직업을 넣는다. 자신이 조직에 기여할 수 있는 이익, 또는 자신의 몸값을 높일 수 있는 가능성을 내포한다.

[최고의 마케터가 알려주는 베스트셀러 만드는 비법]

B2B 해외 마케팅의 1차 타깃은 십중팔구 제품 개발자이거나 연구원이다. 그들이 가장 원하는 것은 잘 팔리는 상품을 만드는 것이다. 마법의 단어이다.

[BTS에게 배우는 커뮤니케이션 비결]

바이어도 알 만한 유명인사를 활용해 이익을 제시한다. 타깃군의 연령층을 고려한다.

[왕초보도 고수로 만드는 제품 개발 프로세스]

우리의 바이어가 경력이 길건 짧건 효과가 있다. 직책에 관계없이 해당 업무와 관련 있다면 '그게 뭔데?' 하며 관심을 보인다.

숫자 테크닉

[당신만 모르는 아웃소싱 시크릿 5가지]

[100만 영업인 누구나 꼭 하는 실수 7가지 ~ 그래서 고객이 오지 않는다]

[신제품 개발 백전백패 사고 패턴 3가지]

[월 억 버는 마케터가 다른 5가지]

[15년 차 마케터가 알려주는 베스트셀러 만드는 비법 9가지]

그 종류가 몇 가지 있다고 정해준다. 경험이 풍부하다면 그 경험을 숫자로 표시한다. 돈이라면 액수를 표시한다. 바이어의 직군을 타깃으로 한다면, 그 직군에 있는 대략적 인원수를 쓴다. 그러면 손해볼 확률과 이득 볼 가능성을 더 크게 느낀다.

더 구체적인 숫자를 넣는다.

[1,000여 회의 품질 테스트를 거쳤습니다] vs. [1,198회의 품질 테스트를 거쳤습니다]

[100여 개 기업이 선택했습니다] vs. [125개 기업이 선택했습니다]

1의 자리까지 정확히 썼다. 정직하다는 뉘앙스를 풍긴다. 이때 주의할 점이 있다. 코칭을 하다 보면 바이어에게 자신의 회사를 소개하는 기업 프로필 자료를 보게 된다. 그중 모든 자료의 숫자를 1의 자리까지 표시한 자료가 종종 발견된다. 그럴 필요는 없다. 숫자가 들어갈 위치에 각자의 역할이 있으므로 필요한 위치에서 적합한 숫자를 쓰면 된다.

질문 테크닉

질문을 받으면 인간의 뇌는 답을 찾으려고 한다. 답을 찾기 위해 그다음 단계로 넘어 가고자 한다. 평서문에 이렇게 물음표만 붙여도 된다.

[당신만 모르는 아웃소싱 시크릿 5가지는?]

[영업인 누구나 꼭 하는 실수 7가지는? ~ 그래서 고객이 오지 않는다]

[신제품 개발에 실패하는 사고 패턴 3가지는?]

[돈 버는 마케터가 다른 5가지는?]

[최고의 마케터가 알려주는 베스트셀러 만드는 비법 9가지는?]

의문사를 사용하는 방법이 있다. [왜 어떤 사람은 쉽고 빠르게 제품을 개발할까?] '쉽고 빠르게'라는 단어는 거의 모든 사업에서 누구나 원하는 것이다. 가장 적합한 시스템을 만들었다고 해도 그것은 과거의 일이고, 항상 더 쉽고 더 빠른 방식을 찾으려고 한다. '더 잘 되는 방식이 있다'는 뉘앙스를 풍기는 것은 늘 효과가 있다. 여기에 의문사를 더해 질문하면 '당신 말고 다른 사람은 지금 그렇게 하고 있어. 그 비결이 여기 있으니 빨리 클릭해야 해!'라고 끌어당긴다.

통념상충 테크닉

알고 보면 반전이 있는, 일반적인 생각에 반대되는 이야기를 하는 것이다.

[서울대 나온 50대, 105개 회사 운영해] vs. [PC방 주인하던 50대, 105개 회사 운영해]

2개의 제목이 나란히 있다면 어느 문구에 호기심이 더 생기는가? 서울대를 나올 정도면 공부를 잘했고, 머리가 좋으니 그럴 수 있지 싶다. 그렇다면 PC방 주인하던 50대는? 실은 같은 사람의 이야기이다. 서울대를 나와 삼성에서 일하다 퇴사한 후, PC방 관리 프로그램과 인터넷 게임을 개발하여 한게임을 만들고, 네이버 멤버를 거쳐 카카오 그룹을 만든 김범수 의장의 이야기다.

[사업가의 손녀, 로레알에 5,600억 원 기업 매각] vs [한국계 여성 이민자, 로레알에 5,600억 원 기업 매각]

마찬가지로 같은 사람 이야기다. 자신이 만든 화장품 기업인 NYX를 로레알에 매각한 한국계 이민자 1.5세대인 토니 고^{Tony Ko}의 이야기이다. 그녀의 할아버지는 대구에서 섬유사업을 했었다. 사업가 집안 출신이다. 미국이 이민자의 나라라고 하지만 그것은 건국할 때 이야기이고, 현재는 시장의 주류가 형성되어 있어 아시아계 이민 1, 2세대가 사업적으로 대성공을 거두기에 만만치 않은 환경이다. 같은 사람에 대한 메시지라고 해도 통념에 반하는 진술을 넣으면 호기심이 더 생긴다.

옛말에 '몸이 천 냥이면 눈은 구백 냥'이란 말이 있다. 끌동화(끌리는 메시지로 매출 자동화)에서 구백 냥의 중요성을 갖고 있는 메시지는 무엇일까? 고객이 만나는 첫 문장이다. 첫 문장의 중요성은 아무리 강조해도 지나치지 않다. 우리는 클릭되지 않으면 그다음을 보여줄 수 없는 세상에 살고 있기 때문이다. 최초의 접점에서 만나는 한 구절을 본 바이어가 클릭하지 않고는 못 배기게 만들자.

매출 상승 핵심 패턴 2 실천하기

자신이 현장에서 사용한 메시지를 찾아서 손실, 이익, 숫자, 질문, 통념상충 5가지 테크닉을 적용해보자. 전 세계의 수많은 경쟁자 중에서 고객의 눈에 띄고 싶은가? 그럼 실행하라, 클릭할 것이다.

1. 손실 테크닉

    1) _____

    2) _____

    3) _____

2. 이익 테크닉

    1) _____

    2) _____

    3) _____

3. 숫자 테크닉

    1) _____

    2) _____

    3) _____

4. 질문 테크닉

    1) _____

    2) _____

    3) _____

5. 통념상충 테크닉

    1) _____

    2) _____

    3) _____

매출 상승 핵심 패턴 3
생각의 마찰력을 극복하라

우리나라 인구 밀도는 OECD 가입국 중 1위이다. 국토 면적 대비 인구를 축구장에 비유하면 4명이 축구장 1개 면적에 살고 있다. 이에 반해 미국은 1명이 축구장 4개의 면적에 살고 있다는 계산이 나온다. 미국은 국토가 넓은 반면, 인구가 적어 일일이 찾아 다니며 세일즈하기에는 어려웠기 때문에 우편을 활용한 세일즈 기법이 발달했다. 100년의 역사를 가진 미국의 세일즈 레터를 통해 우리가 해외 바이어에게 세일즈 목적으로 보내는 메시지의 힌트를 찾았다.

앞장에서 5가지 테크닉으로 만든 제목을 보고 바이어를 자석처럼 당겨왔다. 하지만 그다음은 읽었는데 더 이상 주의를 기울여 읽어 내려가게 하지 않는다면 우리의 메시지를 전하기 어렵다. 그래서 관심을 계속 붙잡아두고 끝까지 읽어 내려가게 만드는 미끄럼틀 효과를 써야 한다. 미끄럼틀을 타듯이 처음에는 마찰력이 높아 속도가 느리지만 계속 읽어 내려가다 보면 속도가 붙어 멈출 수 없게 만드는 방법이다. 첫 문장을 읽으면 그다음 문장을 읽게 하고, 또 그다음 문장을 읽게 해서 마찰력을 줄이고 속도를 서서히 붙어 읽어 내려가는 관성으로 끝까지 보게 만드는 작업이다.

인지부조화 문장

심리학에서 인지부조화란 기존에 갖고 있던 것과 반대되는 새로운 정보를 접했을 때 개인이 받는 정신적으로 불편한 경험을 말한다. 이 원리를 이용해 인지부조화를 일으키는 문장을 만든다.

예를 들면 [컴맹도 할 수 있는 온라인 마케팅으로 고객 모으는 비결]이라는 문구를 보자. 온라인 마케팅이라고 하면 기본적으로 컴퓨터를 떠올린다. 기존에 갖고 있던 정보(컴맹은 온라인 마케팅을 할 수 없다)와 새로운 정보(컴맹도 온라인 마케팅을 할 수 있다) 사이에 인지부조화가 발생한다. 이렇게 되면 온라인 마케팅을 하고 싶으나 컴퓨터를 잘 다루지 못하는 사람이 보면 '어, 뭔데?' 하는 반응을 일으키며 그다음을 읽게 된다.

B2B의 예를 들어 우리의 타깃이 머리핀을 소싱해야 하는 상품개발자라고 해보자. [흔하디흔한 플라스틱 조각으로 1초에 1개 팔리는 신제품 머리핀을 만들 수 있습니다]. '흔하디흔한 플라스틱 조각'은 말

그대로 특별할 것이 없다. 새로운 정보인 '1초에 1개 팔리는 신제품' 사이에 인지부조화가 일어난다.

문제 공감하기

그다음은 바이어가 갖고 있는 고민에 대해 공감하기다. 상품개발자들은 그들의 고객에게 뭔가 죽이는 스토리를 어필하고 싶어 한다. 그러면 이렇게 물어보자. [아무리 쥐어짜도 신제품 스토리텔링이 안 되나요?] 우리가 자기중심적으로 생각하면 바이어의 문제 상황을 찾기 힘들어진다. 바이어의 입장에 빙의해서 역지사지해보자. 누군가 당신의 고민을 듣고 그 내용을 말로 해줬을 때를 떠올려보자. 보통 '어, 맞아. 내 말이!'라는 반응이 나온다. 그럴 때 '아, 이 사람은 내 편이구나'라는 감정이 생긴다.

해결 상태 보여주기

그리고 갑자기 해결된 상황을 확 보여준다. [스토리텔링이 제대로 들어간 베스트셀러를 만들 수 있습니다]라고 하면 우리의 바이어는 '와! 그러면 얼마나 좋을까? 잘 됐다. 다음 주에 신제품 개발 콘셉트 제출해야 하는데'라고 생각한다. 앞에서 공감한 문제 상황과의 간격이 줄어들었다. 더 읽어 내려갈 동기가 부여된다.

간단한 질문 던지기

간단한 질문을 툭 던진다. [그 방법이 궁금하신가요?] 당신 같으면 궁금하지 않겠는가? 시간을 들여 고민해도 어려운 것이 베스트셀러 만들기이니 말이다. 간단하지만 강력하다.

자격 증명

그다음은 우리가 어떤 실력, 자격, 능력이 있는지 이야기할 차례다. 믿을 만한 사람이 하는 말인지를 보여주자는 말이다. 20년간 머리핀 하나만 연구하고 만들어온 머리핀에 미친 사람이라든지, 디자인상을 받았다든지, 제품 관련 특허가 있다든지, 실험 결과라든지 객관적으로 어필할 만한 것이나 개발자의 스토리를 넣는다.

다리 놓기

이제 마지막 문장이다. 미끄럼틀의 끝에서 속도를 붙여 전체 메시지의 끝까지 내려보내려면 자세한 정보를 제시한 다음 메시지를 보여주어야 한다. 이때 대놓고 이야기해주자. "이 글을 끝까지 읽으면 스토리텔링이 들어간 머리핀으로 당신의 신제품을 베스트셀러로 만들 수 있습니다"라고.

지금까지의 이야기를 정리하면 이렇다. 제목 다음으로 인지부조화 문장을 사용해서 바이어의 주의를 당겼다. 그리고 문제 상황을 이야기해서 공감을 얻었다. 이제 해결된 상황을 확 보여줘서 동기부여를 했다. 그리고 간단한 질문으로 마음을 끌어왔다. 어떤 자격이 있길래 이런 말을 하는지 보여주었다. 그리고 마지막으로 끝까지 읽어 내려가게 하기 위해 다리를 놓아주었다.

메시지를 처음 읽을 때는 마찰 계수가 높은 만큼 이를 극복할 수 있도록 강력한 메시지들과 다음으로 연결되는 장치가 꼭 필요하다. 세일즈 메시지뿐 아니라, 코칭, 교육, 심리 상담, 강의 등 효과적인 커뮤니케이션을 위해 필요에 맞게 사용되는 기법이기도 하다. 세일즈 메시지에서 중요도가 가장 높은 초반부에 사용하는 기법이므로 바이어의 고민과 해결 상황을 중심으로 다음 핵심 패턴 연습을 꼭 해보기 바란다.

매출 상승 핵심 패턴 3 실천하기

자신의 바이어에게 보내는 메시지를 만들어보자.

1. 인지부조화 문장 만들기

_____

_____

2. 문제 공감하기

_____

_____

3. 해결 상황 보여주기

_____

_____

4. 간단 질문 던지기

_____

_____

5. 자격 증명

_____

_____

6. 다리 놓기

_____

_____

매출 상승 핵심 패턴 4
논리 갑 메시지
블록 쌓기 공식

다국적 기업 A사의 아시아 지역 소싱 매니저로 있는 선배에게서 오랜만에 연락이 왔다. 나의 지인이 운영하는 포장 기계 제조사 B와의 협업 가능성을 확인하기 위해 연결을 부탁했다. A사는 세계적인 유통 파워가 있는 기업이다. 협업이 잘 진행된다면 B사가 급성장할 수 있는 기회였다. 싱가포르에 있는 선배와 B사의 사장을 바로 연결했고, 유선으로 1차 미팅이 진행됐다.

B사의 사장은 자신의 일에 애착과 열정이 넘치는 사람이다. 제품에 대해 물어보면 세세한 것까지 매우 열정적으로 알려준다. 시장 상황에도 밝고, 연구원 출신이기에 제품의 기술적인 면에 대해 이야기하면 끝도 없이 이어진다. 제품을 소개할 때는 백과사전을 연상시켰다. 한정된 시간에 너무 사소한 것까지 말하느라 정작 중요한 얘기를 하지 못하기도 했다.

서론인 시장 상황만 잔뜩 얘기하다가 제품이 정작 어떻게 고객의 문제를 해결하는지에 대한 설명이 부족한 채로 끝난 적도 있었다. 자기 제품의 품질이 좋다는 이야기만 하다가 근거가 부족하게 마무리될 때도 있었다. 논리적 설득을 위한 기본 틀이 갖춰지지 않아, 프레젠테이션을 미리 준비했어도 핵심을 정확히 짚어내는 데 문제가 있었다. 이대로는 안 되겠다 싶어, 논리가 뒷받침되는 말하기 방법을 알려줬다. 이렇게 쉬운 방법을 왜 아직 몰랐었는지 자신도 의아해했다.

노벨상 수상자 75명, 퓰리처상 수상자 36명, 대통령 7명을 배출한 대학교가 있다. 미국에서 가장 오래된 대학인 하버드대학이다. 하버드는 1872년부터 신입생들에게 글쓰기를 가르치기 시작했다. 모든 학생은 전공에 관계없이 글쓰기 수업을 듣고 글로 평가받아야 한다. 하버드가 이토록 글쓰기를 강조하는 이유는 간단하다. 논리적 글쓰기야말로 논리적이고 설득력 있는 인재를 만드는 기본이기 때문이다.

하버드에서 가르치는 논리적 글쓰기 구조는 우리가 잘 아는 과자 이름과 같다. 바로 OREO(오레오)이다. Opinion(의견), Reason(근거), Example(사례), Opinion(주장)의 첫 글자를 이어 붙였다. 먼저 의견이나 주장을 말하고, 왜 그런지 근거를 댄다. 그리고 예를 들어 사례를 말한다. 의견이나 주장을 다시 한번 강조하거나 방법을 제안한다. 간단하지만 설득할 수 있는 요소가 모두 들어가 있다. '의견 주장하기 → 이유와 근거 대기 → 사례 보여주기 → 의견 강조하기' 순이다.

다음의 양식을 사용하면 쉽게 적용할 수 있다.

- **Opinion**(의견 주장하기): ~ 하려면 ~ 해야 한다.
- **Reason**(이유와 근거 대기): 왜냐하면 ~ 이기 때문이다. 그 근거는 ~ 이다.
- **Example**(사례 보여주기): 예를 들면 ~ 이다.
- **Opinion**(의견 강조 및 제안하기): 그러므로 ~ 해야 한다. 방법은 ~ 이다.

중학교 1학년 아이가 자전거를 바꿔달라고 하는 상황을 예로 들어보자.

- **Opinion**: 엄마, 자전거를 새것으로 바꿔주세요.
- **Reason**: 왜냐하면 지금 제 자전거는 타기가 불편해요. 어린이용이라서요.
- **Example**: 예를 들면 변속기어가 없어서 언덕을 올라갈 수가 없어요. 속도도 안 나고요.
- **Opinion**: 그러니까 자전거를 새것으로 바꿔주세요. ABC 브랜드의 ○○○ 정도면 돼요.

이 책 내용 중 핵심 패턴 18을 OREO 구조로 정리한 내용을 예로 들어보자.

- **Opinion**: 해외 매출을 빨리 올리려면 '2주일 해외 마케팅 7단계' 공식을 사용하세요.
- **Reason**: 왜냐하면 최단기간에 진성고객을 확보하여 니즈를 끌어올릴 수 있기 때문입니다. 정상급 마케터들에 의해 검증된 직접 반응 마케팅 기법입니다.
- **Example**: 예를 들면 A씨는 이 7단계 공식을 사용해서 일주일 만에 잠재 바이어 30명을 발굴했고, 3개월 만에 5억 원 수출계약을 했습니다.
- **Opinion**: 그러므로 '2주일 해외 마케팅 7단계'를 사용하면 쉽고 빠르게 해외 매출을 올릴 수 있습니다. 각 단계는 다음의 순서로 하면 됩니다.

앞의 포장 기계 제조사를 예로 들어보자.

- **Opinion**: 가공식품 포장 기계를 유통하려면, 포장의 정확성을 확보한 제조사의 제품을 취급해야 합니다.
- **Reason**: 왜냐하면 포장은 식품 위생과 상품 디자인에 모두 관련되어 있기 때문입니다. 포장의 정확성이 떨어질 경우 위생과 미적 가치에 문제가 발생합니다.
- **Example**: 예를 들면 포장이 정확히 되지 않으면 이물질이 들어갈 수 있습니다. 그리고 설계된 디자인대로 나오지 않는 기계를 사용하여 전량 재작업하는 식품회사가 생각보다 많습니다. 우리

제품을 사용한 한국의 A, B, C 기업은 매우 만족하며 각자의 카테고리에서 시장점유율을 높이고 있습니다.

- **Opinion**: 그러므로 포장의 정확성을 보장하는 우리 제품을 유통하면, 시장점유율을 높일 수 있습니다.

우선 '의견/주장 → 이유/근거 → 사례 → 주장/제안'의 순서로 기본 틀을 잡자. 강조하고 싶은 것에 따라 순서를 바꿔 사례를 가장 앞에 놓는 방법도 있다. 앞의 사례에서 보면, '포장이 정확히 되지 않으면 이물질이 들어갈 수 있다'는 문제 예시를 가장 앞에 배치하여 바이어가 우려하는 바를 먼저 자극할 수도 있다.

1. 간단한 내용의 이메일이어도 논리가 정연하면 우리가 하고 싶은 말을 명확하고 빠르게 이해시킬 수 있다. 바이어에게 발송한 이메일 중 하나를 골라 OREO 구조에 맞춰 4개의 구성 요소 중 빠진 것이 있는지 확인해보자.

   · **O**(Opinion): _____

   · **R**(Reason): _____

   · **E**(Example): _____

   · **O**(Opinion): _____

2. 우리는 매일 외부 고객이든 내부 고객이든 이메일이나 메신저로 소통한다. 하루에 메시지를 보내기 전에 1개만 OREO 공식으로 정리한 후에 보내보자.

   _____

   _____

   _____

   _____

   _____

   _____

매출 상승 핵심 패턴 5
감정 자극 메시지 만들기
공식 PAS

신제품을 소개하여 훅 끌리게 하기 위해, 프레젠테이션 자료를 작성할 때 어떻게 하는가? 누구나 빈 화면을 띄워 놓고 무엇부터 써야 할지 몰라 시간만 보낸 경험이 있을 것이다. 이럴 때 공식이 있어 대입하기만 하면 감정을 자극하는 메시지가 자판기처럼 툭 하고 튀어 나오면 어떨까? 2차 방정식 문제를 풀 때, 근의 공식을 알고 있으면 답을 바로 찾을 수 있는 것처럼 말이다.

감정을 자극하는 메시지를 만들기 위해 가장 쉽고 간단하게 사용할 수 있는 공식은 PAS이다. 광고계에서 즉각적인 반응을 일으키기 위해 오랜 기간 사용되었다. 왠지 끌리는 상품 소개나 광고를 보면 PAS 공식을 발견할 수 있다. PAS는 'Pain(문제 환기) → Agitate(문제 부추기기) → Solution(해결 상태 제시)'의 순서로 구성된다.

문제 환기 ^{Pain}

상품을 구매하는 이유는 무엇일까? 자신이 가진 문제로 인해 불편함을 느끼거나 고통스럽기 때문에 그것을 해결하려고 구매한다. 상품에 대한 객관적 정보와 논리로만 구성된 메시지는 감정을 자극하는 메시지보다 설득력이 약하다. 미국의 마케터 댄 케네디는 "사람은 감정으로 사고, 논리로 정당화한다"라는 명언을 남겼다. 사람은 이성에 앞서 감정에 먼저 반응하는 동물이다.

어떤 상품이건 감정을 자극하여 '갖고 싶은 것, 사고 싶은 것'으로 만드는 것이 우선이다. 그중에 손실회피 심리를 자극하여 고통을 자극하는 것이 가장 효과적이다. 우리는 기업 간 거래인 B2B 영업을 어떻게 하면 잘할 수 있을지 알아보는 중이다. 기업 간 거래라고 해서 착각하면 안 되는 것이 있다. 기업 간 거래를 할 때, 우리는 그 회사의 건물이나 웹사이트와 이야기하는 것이 아니다. 우리 상품과 관련된 특정 개인과 이야기하는 것이다. 때문에 그 사람에 맞춰 메시지를 만들어야 한다.

다음의 문제를 찾아내는 10가지 질문에 답하여 그 사람의 고민이 무엇인지 말로 풀어주자.

1. 고객은 무엇에 대해, 누구에 대해 화가 나 있는가?
2. 고객이 매일 느끼는 불만 중 가장 큰 3가지는 무엇인가?

3. 고객은 무엇에 대해 소화불량에 걸릴 정도로 걱정하고 있는가?
4. 고객이 '걱정, 불만, 고민, 어려움, 고통'을 느끼는 장면을 시각적·청각적·촉각적으로 표현한다면?
5. 고객이 구매를 통해 해결하려는 문제는 무엇인가?
6. 고객사에서 우리 제품을 사용하는 부서 담당자가 해결하려는 문제는 무엇인가?
7. 고객이 목표 달성을 위해 우선적으로 해결할 문제는 무엇인가?
8. 고객사의 의사결정 단계는 어떻게 되는가? 어떤 사람들을 거쳐 의사결정이 이루어지는가?
9. 그 의사결정 단계에서 각 개인(결제 순서대로 담당자, 매니저, 임원, 사장)의 1~7은 무엇인가?
10. 비슷한 것을 고객에게 판매하려는 사람은 누구이며, 어떤 방식으로 판매하는가?

또한 B2B에서는 고객의 사업 계획에 대한 정보 파악에 집중해야 한다. 기업 전체의 사업 계획에 따라 부서별 전략과 업무 목표가 달라지기 때문이다. 예를 들면 고객은 납품 속도는 빠르지만 간혹 불량이 발생해 생산성을 떨어뜨리는 기존의 공급자에게 불만이 있을 수 있다. 그럴 때 '공급사의 불안정한 품질이 걱정이신가요?'라는 자신의 불만을 건드리는 문제 환기 문장을 보면 더 알고 싶어진다.

아픈 곳을 발견했다면 소금으로 문지를 차례다. 원래의 문제가 만들어낸 추가적인 문제나 불편함을 상세히 드러나게 한다. 상세히 드러나게 하는 방법에는 2가지가 있다. 문제 쪼개기와 연쇄 반응 일으키기다. 먼저 문제 쪼개기는 하나의 문제를 여러 가지 상황으로 구분하고 그때 일어나는 느낌을 덧붙이는 방법이다. 쪼개진 문제를 만들 때, 부정적 사실에 이어 따라오는 부정적 느낌을 덧붙이면 더 효과적이다. 예를 들어보자.

첫째, 불안정한 품질 때문에 처리할 일이 많아져서(부정적 사실 1) 퇴근이 늦어진다. 가족과의 약속을 지키지 못해 미안하다(부정적 느낌 1).

둘째, 불안정한 품질로 인해 생산성이 저하되면(부정적 사실 2) 인사평가가 나빠진다. 승진 누락, 연봉 삭감, 해고의 두려움을 느낀다(부정적 느낌 2).

셋째, 불안정한 품질로 인해 판매량이 줄어들어 영업부서로부터 불만이 접수됐다(부정적 사실 3). 화가 난다(부정적 느낌 3).

이렇게 사실과 느낌을 잘게 나누어 보여주면 그중에 고객이 감정이입 되는 부분이 생긴다.

다음은 연쇄반응 일으키기다. 앞의 사례에서 보듯이, 품질 문제가 발생하면(1차 문제), 처리할 일이 많아진다(2차 문제). 그러면 퇴근이 늦어지고(3차 문제), 가족과의 약속을 지키지 못한다(4차 문제). 이 문제가 시간이 가도 저절로 해결되지 않으면 가정에 문제가 발생한다(5차 문제).

하나 더 보자. 불안정한 품질(1차 문제)로 인해 생산성이 저하되어(2차 문제) 인사평가가 나빠진다(3차 문제). 이것이 누적되면 급여 인상이 안 된다(4차 문제). 물가는 오르는데 급여 인상이 안 되면 집 사느라 대출받은 원리금 갚을 여력이 없어진다(5차 문제). 원리금을 못 갚으면 집을 잃는다(6차 문제).

개연성이 높은 것부터 쓰려고 하면 잘 나오지 않는다. 생각나는 대로 일단 많이 적어 놓고 그중에 개연성이 높은 순으로 나열한다.

고객사 담당자의 감정을 건드리기 위해 가능한 자세히 문제를 쪼개고 연쇄 반응을 일으켜보기 바란다. 여기에 비슷한 문제가 발생했던 사례나 통계 수치, 실험 결과 등의 자료를 덧붙여 근거를 제시하자.

해결 상태 제시 Solution

소금으로 문지른 상처를 치유할 차례다. 불안 부추기기로 긴장을 한껏 고조시킨 후, 해결된 상태를 제시하여 희망을 보여준다. 쪼개기와 기대효과 늘어놓기를 적용한다.

쪼개기는 하나의 해결 상태를 여러 가지 사실로 구분하고, 그때 일어나는 느낌을 덧붙인다.

예를 들어보자.

첫째, 안정적인 품질로 인해 처리할 일이 줄어들어 시간 사용의 예측이 가능해진다(긍정적 사실 1). 가족과의 약속을 지켜 행복하다(긍정적 느낌 1).

둘째, 안정적인 품질로 인해 생산성이 상승하여 인사평가가 좋아진다(긍정적 사실 2). 보상을 기대하며 안정감이 생긴다(긍정적 느낌 2).

셋째, 안정적인 품질로 인해 판매량이 늘어 영업부서로부터 감사인사를 받는다(긍정적 사실 3). 하는 일에 대해 자부심을 느낀다(긍정적 느낌 3).

다음은 기대효과 늘어놓기다. 앞의 사례에서 보듯이 제품이 안정적으로 공급되면 다음의 효과가 있다.

첫째, 처리할 일이 줄고, 시간 사용의 예측이 가능해진다. 추가 확보한 시간에 창의적인 일을 해서 내부 고객과 외부 고객의 만족도를 더 높일 수 있다. 개인 취미에 더 집중할 수 있는 시간을 만들어 풍요로운 삶을 누릴 수도 있다. 행복감이 올라간다. 그 기분으로 일을 하면 업무 생산성이 더 올라간다.

둘째, 생산성이 상승하여 인사평가가 좋아진다. 고용 유지, 승진을 기대할 수 있어 정서적 안정감이 생긴다. 옆을 돌아볼 마음의 여유가 생겨 동료의 어려움도 함께 해결할 수 있다. 좋은 커리어가 생겨 이직도 수월해진다.

셋째, 적기 공급으로 인해 판매량이 늘어 영업부서로부터 감사 인사를 받는다. 자기 효능감이 생겨 자존감이 올라간다. 자신 있게 새로운 프로젝트를 추진할 수 있다. 긍정적인 마인드로 조직 문화에 기여한다.

고객사 담당자 개인의 감정을 건드리기 위해 가능한 자세히 해결책을 쪼개고 기대효과를 제시하기 바란다. 여기에 사례나 스펙, 특허, 통계 수치, 실험 결과 등의 객관적 자료를 덧붙이면 논리적 설득까지 더해져 효과를 배가시킬 수 있다.

매출 상승 핵심 패턴 5 실천하기

PAS 공식으로 감정 자극 메시지를 만들어보자.

1. 고객의 문제는 무엇인가? 문제 찾기 10가지 질문을 활용한다.

_____

_____

_____

_____

2. 1번에서 찾은 문제에 대한 불안을 부추기면 어떻게 되는가? 문제 쪼개기와 연쇄 반응 일으키기를 적용한다.

_____

_____

_____

_____

3. 문제에 대한 객관적인 자료는 무엇인가?

_____

_____

_____

_____

4. 문제에 대한 당신의 해결책은 무엇인가? 해결책 쪼개기와 기대효과 늘어놓기를 적용한다.

_____

_____

_____

_____

5. 해결책에 대한 객관적 자료는 무엇인가?

_____

_____

_____

_____

매출 상승 핵심 패턴 6
마음을 읽는 초능력 장착하기:
6가지 유형 맞춤형 PCM

어느 날 한 광고인이 감전 사고를 당한 후 고객의 속마음을 읽을 수 있는 초능력을 갖게 되었다. 그는 광고의 타깃이 무슨 생각을 하는지, 원하는 것이 무엇인지 정확히 알고 있어 만드는 광고마다 대성공을 거두었다. 멜 깁슨 주연의 영화 〈왓 위민 원트What Women Want〉의 이야기이다.

내 마음을 어떻게 알았지?

고객이 어떻게 생각하고 무엇을 원하는지 알고 있다면, 상품을 팔 때 얼마나 쉬울까? 영화 속의 멜 깁슨처럼 속마음을 정확히 읽어내는 초능력은 아니더라도 타깃의 속마음을 활용해 끌리는 메시지를 만드는 방법이 있다. PCMProcess Communication Model의 6가지 성격 유형을 활용하는 것이다.

PCM은 심리학자 타이비 칼러Taibi Kahler 박사가 1970년대에 개발한 커뮤니케이션 향상 기법이다. 20년간 미항공우주국NASA에서 우주비행사 선발에 활용했고, 빌 클린턴 대통령은 PCM을 활용하여 미국 국민의 공감을 이끌어냈다. PCM은 기업 경영과 교육 등 효과적인 커뮤니케이션이 필요한 모든 분야에 활용되고 있다.

PCM에서는 사람이 인식하는 방식과 소통하는 수단에 따라 성격 유형을 사고형Thinker, 주관형Persister, 화합형Harmonizer, 상상형Imaginer, 반항형Rebel, 추진형Promoter의 6가지로 나눈다. 한 사람이 6가지 유형을 모두 갖고 있지만, 그중에서도 가장 강한 성격 유형으로 구분된다. 이 기본적 유형에 따라 세계를 인식하고 대응하는 방식이 달라진다.

사고형Thinker

논리로 자극한다. 세부적인 계획을 세우는 데 탁월하기 때문이다. 직업적으로도 개인적으로도 책임감이 강하다. 자신의 아이디어를 논리적으로 구성하고, 빠르고 명확하게 설명하는 경향이 있다. 사고형은 구조화된 접근 방식을 선호한다.

주관형Persister

가치로 자극한다. 자신의 가치, 표준 그리고 신념으로 세상을 인식하기 때문이다. 도덕적인 행동을 중시하고 관찰력이 뛰어나다. 타인의 의견을 경청하고 자신의 의사 표시를 명확히 하는 경향이 있다. 성실하다. 개인과 직업적 역량 개발에 집중한다.

화합형 Harmonizer

느낌과 공감으로 자극한다. 감정으로 세상을 인식하기 때문이다. 남을 보살피고 베풀며 조화를 이룬다. 자신을 존중해줄 때 편안함을 느낀다. 타인과의 관계에서 공감과 조화를 중시한다. 화합형은 인간적 접근을 선호한다.

상상형 Imaginer

상상으로 접근한다. 내성적이고 상상력이 풍부하기 때문이다. 자신을 깊이 들여다보고, 삶에서 상상 가능한 모든 시나리오에 대해 생각한다. 혼자 있기를 선호한다.

반항형 Rebel

유머로 자극한다. 즉흥적, 자발적이며 장난기가 많기 때문이다. 다른 사람들이 문제만 보는 상황에서 해결책을 찾는 창의적인 사람이다.

추진형 Promoter

매력으로 자극한다. 직접적인 소통 방식과 즉시 요점에 도달하는 것을 선호하기 때문이다. 어떤 어려움이 있더라도 다시 일어서려고 한다. 역동적인 환경에서 편안하고 살아 있음을 느낀다.

간격 이론

현재 상태에서 바라는 상태로 가고자 할 때 사람은 행동한다. 예를 들면 배가 고프면 밥을 먹고, 추우면 옷을 더 입고, 한여름 뙤약볕이 내리쬐는 거리를 걷다가 덥고 목마르면 에어컨 바람 빵빵한 카페에 들어가 시원한 음료 한잔 마신다는 얘기다. 지금 자신이 불만족한 상황이지만 앞으로 만족할 수 있을 거라는 희망이 있고, 바라는 상태가 될 가능성이 크다는 것을 알았을 때 사람은 더 적극적으로 행동한다.

현재 상태로 충분하다고 느끼는 경우에도 앞으로 더 만족스러울 것이라는 기대가 있다면 움직인다. 또한 현재 상태에 큰 불만을 갖고 있는 사람이 원래대로 돌아갈 수 있는 희망이 있는 경우도 마찬가지다.

하지만 현재 상태와 바라는 상태에 차이가 있어도, 그 간격이 미미하다면 인간은 현상을 유지하려는 습성이 있다. 따뜻한 물 속 개구리처럼 지속되는 작은 변화를 깨닫지 못한 채, 결국 물이 뜨거워져 끓을 때까지 물속에서 나오지 못하는 것이다. 끌리는 메시지가 해야 할 일이 바로 따뜻한 물속에 있는 개구리를 구하는 것이다. 그 물이 너무 뜨거워져 죽을 수 있으니 살고 싶으면 나오라고 알려주는 것이다.

대부분의 판매자는 상품 특징과 장점에 대한 설명에 그치고 만다. 상품 특징에 대한 설명만으로 미지근한 물에 있는 개구리를 움직일 수는 없다. 물의 온도가 1분에 1도씩 올라간다고 알려주는 것만으로는 현재 상태인 '따뜻해'와 바라는 상태인 펄펄 끓는 물에서 빠져나와 '목숨을 구한' 차이를 극명하게 보여줄 수 없기 때문이다.

어떻게 하면 그 차이를 극명하게 보여줄 수 있을까?

우선, 고객이 불만족스러운 현재 상태와 만족스러운 바라는 상태를 명확히 표현해야 한다. 그러면 고객은 자신의 고민, 문제, 욕구를 깨닫고 밖에서 들리는 목소리에 귀를 기울이게 된다. 고객이 무엇 때문에 밤잠 설치며 고민하는지, 어떤 상황이 고객이 정확히 바라는 상황인지 명확하게 표현해줘야 한다. 더 생생하고 선명하게 느낄 수 있다면 더 빨리 행동할 동기가 생긴다.

힘센 자석을 장착하라
: 기대 효과 메시지를 PCM 6가지 유형 공식에 대입하기

감정을 자극하는 공식 PAS에서 해결책을 강조하기 위한 기대효과를 표현할 때 활용하자. '메시지를 어떻게 만들지?'라고 고민하지 말자. PCM의 6가지 유형 공식에 대입하면 쉽게 만들 수 있다.

"이 제품은 품질 검사 합격률이 99.67%입니다. 동종 업계 최고의 품질 수준입니다."

➡ 논리를 이용해 사고형을 자극한다.

"우리는 이 제품이 고객에게 가격 이상의 가치를 제공한다고 믿습니다."

➡ 가치를 이용해 주관형을 자극한다.

"단언컨대 현재 시장에서 최고의 제품입니다."

➡ 매력을 이용해 추진형을 자극한다.

"생산성이 올라가서 동료들이 기뻐하는 모습을 상상해보세요."

➡ 느낌과 상상을 이용해 화합형과 상상형을 자극한다.

"경쟁사에서 당신을 만나자고 할 겁니다. 비결이 궁금할 테니까요."

➡ 유머를 이용해 반항형을 자극한다.

매출 상승 핵심 패턴 6 실천하기

당신의 타깃에게 보내는 기대효과 메시지를 PCM 6가지 유형을 활용해 작성해보자.

1. 사고형에게 끌리는 기대효과 메시지는 무엇일까?

_____

_____

_____

_____

2. 주관형에게 끌리는 기대효과 메시지는 무엇일까?

_____

_____

_____

_____

3. 화합형에게 끌리는 기대효과 메시지는 무엇일까?

_____

_____

_____

_____

4. 상상형에게 끌리는 기대효과 메시지는 무엇일까?

_____

_____

_____

_____

5. 반항형에게 끌리는 기대효과 메시지는 무엇일까?

_____

_____

_____

_____

6. 추진형에게 끌리는 기대효과 메시지는 무엇일까?

_____

_____

_____

_____

매출 상승 핵심 패턴 7
매출을 올리고 싶은 분만
이 글을 보세요

1979년 미국 보스턴시는 영화 〈칼리굴라Caligula〉의 상영을 금지했다. 영화에 너무 잔혹한 폭력 장면과 성적 묘사가 많다는 이유였다. 칼리굴라(12~41)는 로마제국 제3대 황제의 어릴 적 별명이다. 존속까지 참살한 폭군으로 알려져 있다. 영화에는 무자비한 폭력과 황실 안에 매음굴을 만드는 과정까지 그대로 담았다.

보스턴시에서 영화의 상영을 금지하자 시민들은 다른 도시로 가서 영화를 보았다. 보스턴시에서 금지했다고 하니 다른 지역 사람들도 관심이 폭발하여 소위 대박을 쳤다. 이처럼 사람들은 자유를 제한받게 되면 반발하여 자유에 더 집착한다는 이 현상을 영화의 이름을 따서 '칼리굴라 효과Caligula effect'라고 부른다.

셰익스피어의 희곡 《로미오와 줄리엣》에서 두 주인공은 첫눈에 반한다. 두 사람은 원수지간인 두 집안의 단호한 반대에 부딪힌다. 두 사람의 사랑에 대한 반대는 오히려 더욱 격렬하고 견고한 사랑에 빠지게 했고, 둘은 결국 죽음을 맞는다. 사람들은 이를 가리켜 '로미오와 줄리엣 효과', '금지된 과일 효과'라고도 부른다.

밀당의 원리

이렇게 누군가 금지하거나 제한하면 그 일을 더 하고 싶을 뿐 아니라, 그 행동이 더 가치 있고 매력적으로 느껴진다. 사람은 자신의 행동을 자신의 의지로 자유롭게 결정하고 싶은 기본적인 욕구가 있기 때문이다. 그렇다면 일상에서도 흔히 볼 수 있는 칼리굴라 효과는 무엇이 있을까?

연애를 할 때 소위 밀당을 잘하는 사람은 데이트 신청에 바로 승낙하지 않는다. 업무든 집안일이든 공부든 어떤 것 때문에 시간이 없다는 이유로 확인해봐야 한다며 선택권을 가져간다. 이때 상대의 만나고 싶다는 욕구는 더 강렬해진다. 이는 다이어트에도 활용된다. 먹는 것에 제한을 두면 더 먹고 싶어진다. 이럴 때를 위해 일주일에 한 번, 먹고 싶은 것을 마음껏 먹는 치팅 데이를 둔다.

이렇게 금지되면 더 하고 싶어지는 욕구를 해외 마케팅과 세일즈에서 어떻게 활용할 수 있을까? 홈쇼핑 쇼호스트는 단골 멘트로 '오늘만이 가격!'을 외친다. 그리고 화면에는 남은 시간이 뜬다. 시간이 지나면 할인된 가격으로 살 수 없다고 선택의 자유를 제한한다.

당신의 제품은 돈만 주면 언제나 살 수 있는가? 언제까지 주문해야 원하는 시점에 출고되는가? 어느 시점까지 발주해야 제시된 혜택을 받을 수 있다고 하자.

더불어 수량에도 선택권을 가져오는 방법을 써보자. 예를 들어 한 고객이 원하는 수량은 10만 개인데, 다른 고객도 있어 원하는 수량을 맞추려면 정해진 납기보다 빠르게, 사전 발주가 필요하다고 말하는 것이다. 제조업을 하는 독자는 이를 응용해서 생산라인에서 만들 수 있는 제조 수량을 기준으로 이야기하면 된다. 구매 니즈 개발용 이메일 제목이나 콘텐츠 제목도 다음처럼 사용할 수 있다.

[이것 모르고 부품 아웃소싱하지 마세요]
[숨겨진 신제품 개발의 비밀을 알려드립니다]
[프로페셔널만 아는 한국 제품 소싱의 비결]

홈페이지에도 이 장치를 넣을 수 있다. 검색이나 광고 그리고 우리가 곳곳에 퍼트려 놓은 온라인 콘텐츠를 통해 고객이 홈페이지로 유입된다. 유익한 정보를 몇 개 본 후, 더 보려고 하면 회원가입을 해야 볼 수 있다는 메시지가 뜬다. 회원가입을 위해 연락처를 비롯해 필요한 간단한 정보를 입력하게 만든다.

그리고 보안을 위해 콘텐츠를 볼 수 있는 패스워드를 이메일로 보낼 테니 이메일 수신동의를 하도록 만든다. 수신동의가 되면 패스워드를 이메일로 보내고, 일정 간격으로 이메일을 보내는 이메일 마케팅을 진행한다. 짧은 무료 상담을 신청하게 만드는 글에서도 다음처럼 활용할 수 있다.

일반 글과 칼리굴라 효과를 적용한 글을 비교해보자.

칼리굴라 효과 적용 전

"이 코칭은 짧은 시간 진행되나 베스트셀러를 개발할 수 있는 인사이트를 얻을 수 있습니다.

지금까지 100명이 넘는 고객이 효과를 보고, 베스트셀러를 개발했습니다.

무료로 코칭을 신청하고 베스트셀러를 개발하세요."

칼리굴라 효과 적용 후

"이 코칭은 짧은 시간 제공되나 베스트셀러를 개발할 수 있는 인사이트를 얻을 수 있습니다.

지금까지 100명이 넘는 고객이 효과를 보고, 베스트셀러를 개발했습니다.

무료로 코칭을 신청하고 베스트셀러를 개발하세요.

단, 단순히 호기심만으로 신청하지는 말아주세요.

최대한 성의껏 코칭하지만, 상담할 수 있는 전문가 수가 한정되어 있어 모든 분을 도와드릴 수는 없기 때문입니다.

반드시 베스트셀러를 개발하고 싶은 분만 신청해주세요."

칼리굴라 효과 적용 전 예시는 밋밋한 서술이다. 판매로 치면 설명만 하고 끝난 것이다. 하지만 칼리굴라 효과 적용 후에는 꼭 필요한 사람만 신청하라며 선택권을 제한했다. 판매로 치면 아무나 사지 말고 꼭 필요한 사람만 사라고 한 것이다. 그렇게 신뢰도가 올라가고, 더 하고 싶어진다.

칼리굴라 효과를 사용할 때 주의할 점은 다음 2가지이다.

첫째, 제한을 둘 때 가벼운 제한을 두어야 한다. 너무 부담되거나 실행하기 어렵게 만들면 우리가 본래 하려고 했던 초기 단계 구매 니즈 육성에 방해가 될 수 있다.

둘째, 제한을 둘 때는 이유가 있어야 한다. 이유가 있어야 선택권 제한의 논리적 구조가 완성된다.

매출 상승 핵심 패턴 7 실천하기

1. 회사의 홈페이지에서 칼리굴라 효과를 적용할 수 있는 부분을 찾아보자.

2. 칼리굴라 효과를 적용해 구매 니즈 육성용 이메일 제목이나 콘텐츠 제목을 만들어보자.

3. 칼리굴라 효과를 적용해 전시회 초대장에 들어갈 문구를 만들어보자.

PART 2

말동화:
매출 자동화가 되는
세일즈 화법

나를 만나면
너는
사는 거다

매출 상승 핵심 패턴 8
설명하면 설득될 것이다?

코로나19로 인해 줌Zoom, 구글 미트Meet 등의 화상 통화를 이용한 온라인 수출상담회의 영업 상담이 폭발적으로 늘었다. 상담장에 들어가기 전에 어떤 준비를 하는가? 보낼 수 있는 샘플이 있으면 미리 보낸다. 샘플을 보낼 수 없다면 참고할 수 있는 자료를 미리 보낸다. 상담을 할 때는 회사와 제품에 대해 설명할 자료를 준비한다. 그리고 상담을 어떻게 진행할지 준비한다.

대부분의 영업자가 회사와 상품의 특성과 장점에 대한 '설명' 준비에 치중한다. 그리고 상담이 시작되면 자신의 상품을 '설명'한다. 여기까지 하면 50점이다.

그렇다면 100점을 받으려면 어떻게 해야 할까?

잘못된 해외 영업 상식: 설명하면 설득될 것이다

사람은 질문을 받으면 답을 하도록 훈련되어 있다. 어린아이는 부모의 질문에 답하기를 통해 말을 배우기 시작한다. "이름이 뭐니?" "몇 살이니?" "오리는 어떻게 우니?"라고 물으면 아이가 답하고 대답을 잘한 아이는 칭찬받는다. 학교에 들어가서도 마찬가지다. 교사의 질문에 답해야 하고 시험의 질문에 답해야 한다. 이처럼 사람은 성장하면서 질문을 받으면 답을 하도록 훈련된다.

질문을 받으면 반사적으로 답을 하려는 경향을 이용해 영업 상담 시 설계된 질문을 사용하자. 이때 영업에 도움이 되도록 잘 만들어진 질문을 사용하면 상담의 주도권을 가져올 수 있다. 일반적으로 사람들은 말을 많이 해야 대화를 주도한다고 생각한다. 최소한 세일즈 상담에서 이것은 큰 착각이다. 세일즈 상담에서는 목적과 상황에 맞는 질문으로 고객이 말을 하게 만들어야 상담을 주도할 수 있다.

온라인 수출상담회에서 매칭된 바이어와의 미팅 상황을 예로 들어보자. 상담의 주도권을 잡지 못한 평범한 영업인은 첫인사에서 아이스 브레이킹(새로운 사람을 만났을 때 어색하고 서먹서먹한 분위기를 깨뜨리는 일)을 길게 하는 편이다. 그리고 회사 소개와 상품 소개를 한다. 이때 질문은 주로 바이어가 한다. "회사 소개를 해줄 수 있을까요?" "제품 설명을 해줄 수 있을까요?" "가격이 어떻게 되나요?" "거래 조건이 어떻게 되나요?" 공통적으로 이런 질문을 한다. 여기에 하나씩 답하다

보면, 주도적으로 상담을 이끌어가지 못하고, 흔하디흔한 공급자 중 하나가 되어버린다.

반면, 상담을 주도하는 영업인은 질문으로 시작한다. 온라인 수출 상담회는 시간이 그리 길지 않다. 보통 짧으면 30분이고 길면 1시간 이다. 그나마 제시간에 정확히 만나야 그 시간을 다 쓸 수 있다. 이 짧은 시간에 회사가 가진 능력이나 상품으로 바이어의 문제를 어떻게 해결할 수 있는지 정확히 다 말해줄 수도 없거니와 혼자서 열심히 설명한다고 해도 설득 효과가 없다.

하지만 질문을 사용하면 효과적인 상담을 할 수 있다. 그렇다고 아무 질문이나 취조하듯이 묻는다면 효과도 없고 어색해질 수 있다. 원하는 답을 얻을 수 있도록 설계된 질문을 해야 한다.

첫 단추를 잘 꿰어야 한다: 친밀감 형성하기

처음 만나는 사람인데 예전부터 알던 사람 같은 느낌을 받은 경험이 있는가? 언어 외에 여러 요소도 있지만, 이번 패턴에서는 언어에 집중해보자. 짧은 시간 안에 말로써 친밀감을 만들어내는 설계된 질문법이 있다. 상담의 본론으로 들어가기 전에 상대방의 마음이 열리도록 만드는 방법이다.

물리 법칙인 관성의 법칙은 물체가 한 방향으로 움직이면 계속 같은 방향으로 움직이려는 성질이 있다는 것이다. 사람의 생각도 마찬가지다. 긍정의 대답이 반복되면 동일하게 긍정의 방향으로 움직여 그다음에도 역시 긍정 대답을 할 확률이 높다는 생각 관성의 법칙이 적용된다.

생각 관성을 만들어내기 위해, 누가 들어도 당연한 말을 하는 사이사이에 질문을 끼워넣는다. 이는 심리 상담이나 코칭을 할 때 상담자가 사용하는 '페이싱'이라는 친밀감 형성 기법을 활용한 것이다. 예를 들어, 상담 초반에 온라인 상담이 기술적 이유로 갑자기 중단됐을 때를 대비해 서로의 연락처를 먼저 교환하도록 요청한다고 해보자.

1. 영업인: 안녕하세요, ○○○씨. 비즈니스 매칭이 잘 돼서 우리가 이렇게 만났네요? 반갑습니다! (당연한 말)

2. 바이어: 네, 안녕하세요. 반갑습니다. (긍정의 답)

3. 영업인: 코로나19가 빨리 끝나서 직접 만나면 더 좋지 않았을까요? (당연한 말)

4. 바이어: 네, 그렇죠. (긍정의 답)

5. 영업인: 온라인 미팅이 기술적 이유로 갑자기 중단될 때가 있더라고요. (당연한 말) 그럴 경우를 대비해 미리 연락처를 교환할까요? (행동 유도)

6. 바이어: 네, 그러시죠. (긍정의 답)

   (연락처를 교환한다.)

1에서 '만났네요'라고 했다. 만났으니 이야기하는 것이다. 누가 들어도 당연한 말이다. 상대의 긍정 대답이 나오도록 했다. 3에서도 영업인은 바이어의 긍정 대답을 이끌어내기 위해 당연한 이야기를 했다. 5에서 한 번 더 당연한 이야기('기술적 이유로 갑자기 중단될 때가 있다')를 하고, 미리 연락처를 교환하자는 행동을 제시한다.

비즈니스 상담이 매칭되었다면 바이어가 필요하기 때문에 매칭을 수락하거나 신청한 것이다. 제한된 상담 시간을 효과적으로 사용하기 위해 바이어가 우리에 대해 가장 궁금한 것이 무엇인지 알려주면, 그것 먼저 논의하자고 제안한다. 그리고 왜 중요한 것인지 질문한다. 바이어 자신과 회사에 대한 소개를 질문으로 요청하면서, 자신이 해결하고 싶은 문제나 고민을 말하도록 유도한다. 이렇게 진행하면 우리는 상담의 주도권을 갖게 된다.

세일즈 상담에서 질문을 사용해 주도권을 갖는 것은 칼자루를 쥐는 것이다. 끌려가는 상담이 아니라 우리가 원하는 방향으로 고객을 리드하는 상담을 해야 한다. 그래야 노력 대비 효과적으로 구매 단계로 진전시킬 수 있다.

질문은 고객의 구매욕구를 자극한다

고객은 자신이 가진 문제를 해결하기 위해 상품을 산다. 자신에게 해결할 문제가 있다고 스스로 인식한 이후에 문제를 해결하고자 한다. 문제가 없다고 생각되거나, 구매 행동으로 옮길 만큼 문제가 크게 느껴지지 않는다면 해결책을 찾지 않는다. 질문을 하면 고객이 문제를 갖고 있고, 그 문제가 심각해질 수 있다는 우려를 자극할 수 있다. 그리고 영업자가 제시하는 그 해결책에 대해 흥미를 느끼게 할 수 있다.

예를 들어, 문제가 있다고 느껴지게 하는 질문은 이런 것들이다.

"매출 신장에 어떤 문제가 있을까요?"
"기대와 달리 차이가 발생한 것은 어떤 것인가요?"
"품질관리에 애로사항은 없으신가요?"
"그 문제에 대해 좀 더 구체적으로 설명해주시겠어요?"
"이 문제를 해결하려면 어떻게 해야 하나요?"
"이 문제를 그냥 두면 시간이 갈수록 어떻게 되는 건가요?"
"그렇게 하기 위해서 어떤 일을 해야 하나요?"

주의할 점은 영업자가 해결할 수 있는 문제에 대해 바이어의 생각을 자극해야 한다는 것이다.

사람은 기본적으로 설득'당하'거나 영업'당하'는 것을 싫어한다. 타인의 강요와 설득에 의해 구매해야 하는 상황을 좋아하는 사람은 없다. 자신이 필요해서 샀다고 생각하기를 바라며 그렇게 믿는다. 고객이 우리가 가진 해결책에 대해 흥미를 느끼지 않은 상태에서 상품을 설명하면 고객은 필요하다고 생각하지 않는다. 고객의 구매욕구를 자극하는 질문은 다음 핵심 패턴에서 더 자세히 살펴보자.

매출 상승 핵심 패턴 8 실천하기

상담 시 주도권을 갖기 위해 어떤 질문을 할 것인가? 상담 시작, 중간, 마무리의 상황을 떠올리며 질문을 적어보자.

1. 상담 시작 질문

---

2. 상담 중간 질문

---

3. 상담 마무리 질문

매출 상승 핵심 패턴 9

팔지 않고 사게 하는
질문 공식

"이 펜을 제게 팔아보세요."

레오나르도 디카프리오가 주인공으로 출연한 〈더 울프 오브 월스트리트〉는 주식중개인이었던 조던 벨포트Jordan Belfort의 실화를 바탕으로 한 영화이다. 영화의 마지막 장면은 강연장이다. 주인공은 청중에게 다가가 펜 하나를 건네며 "이 펜을 제게 팔아보세요"라고 말한다. 청중 3명은 차례대로 대답한다.

청중 1. "놀라운 펜입니다. 전문가용이죠."
청중 2. "당신에게 일어난 일들을 적을 수 있습니다."
청중 3. "제가 가장 좋아하는 펜인데요…."

당신은 이 펜을 어떻게 팔겠는가? 당신은 고객에게 상품을 어떻게 팔고 있는가? 영화 속 청중들처럼 상품의 용도, 특징을 먼저 이야기하는가? 단언컨대 틀렸다. 가장 먼저 해야 할 것을 하지 않았다. 영화 초반에 디카프리오가 직원들과 식사하는 장면이 나온다. 식사를 하며 의견을 나누다가 한 직원에게 펜을 팔아보라며 건넨다.

직원: "거기 냅킨에 이름 좀 써줄래요?"
디카프리오: "난 펜이 없어요."

직원은 질문을 통해 디카프리오가 펜이 필요하다는 것을 일깨워주었다. 파는 것이 먼저가 아니다. 고객이 사야 할 필요성을 먼저 깨달으면 세일즈가 진전된다. 이때 SPIN 모델을 사용하면 고객이 상품의 필요성을 인식하게 만들고, 고객의 구매 욕구를 끌어올려 저항을 감소시킬 수 있다.

SPIN 모델은 세계적 세일즈 컨설팅사인 허스웨이트Huthwaite가 행동분석 기법을 적용하여 3만 5,000여 건의 영업상담 사례를 분석하고 6,000여 건의 세일즈 동행을 통해 개발한 모델이다. 회사 대 개인 영업뿐 아니라 회사 대 회사 영업에서도 효과가 증명되어 미국 포춘 500대 기업 중 40%가 채택한 상담 기법이다.

SPIN 모델에서 SPIN는 'Situation question(상황 질문), Problem question(문제 질문), Implication question(시사 질문), Need pay-off question(해결 질문)'을 의미한다.

상담을 시작할 때 세일즈와 관련한 고객의 상황에 대한 정보를 수집하려는 질문이다. B2B 세일즈에서는 특정 제품이나 프로젝트에 대해 상담을 하는 경우가 많다. 가급적 자신과 관련이 있는 프로젝트에 초점을 맞춰 다음과 같이 질문한다.

"주력 상품은 어떤 것인가요?"

"점유율을 올리기 위해 어떤 노력을 하고 계신가요?"

"○○ 프로젝트의 목표와 진행 상황에 대해 말씀해주시겠어요?"

"×××프로젝트의 주요 고객이 어떻게 되나요?"

"앞으로 시장을 어떻게 전망하시나요?"

고객에 대한 정보를 수집할 시간이 있는 경우라면, 온라인에서 웹사이트와 기사를 미리 검색하여 기본적인 정보를 알아보아야 한다. 이미 온라인에 공개된 정보를 알아보지도 않고 상담할 때 일일이 묻는다면 무성의하거나 취조하는 듯한 느낌을 줄 수 있으므로 주의해야 한다.

박람회나 수출상담회처럼 정보를 수집할 시간이 없었을 경우나 고객의 정보가 외부에 노출되지 않았을 경우, 처음 만났을 때는 열린 질문을 사용해 고객이 가능한 많은 정보를 말하도록 해야 한다.

문제 질문 Problem question

상황 질문에서 고객의 상황에 대한 정보를 수집했다. 문제 질문은 본격적으로 고객이 갖고 있는 문제, 불만, 어려움을 고객이 스스로 말하여 인지할 수 있도록 하는 질문이다. 당연한 이야기이지만 SPIN 모델을 사용할 때는 우리의 상품과 관련 있는 부분에 대해 질문해야 한다. 문제 질문의 예시는 다음과 같다.

"품질관리에 어려운 점은 없으신가요?"

"밸류체인 어느 부분에서 예상치 못한 비용이 발생하나요?"

"점유율(매출)에 대해 걱정하고 계신가요?"

"숙련된 인력을 구하기 어려우신가요?"

"○○○에 대해 몇 번 말씀하셨는데, 그것이 가장 중요한가요?"

"왜 그것이 문제인가요?"

"다른 문제는 없나요?"

시사 질문 Implication question

앞의 문제 질문을 통해 고객이 인식한 문제가 만들어내는 결과나 파급 효과에 대해 묻는 질문이다. 고객이 가진 하나의 문제가 단순히 거기서 끝나는 것이 아니라 더 심각해질 수 있다는 것을 일깨워준다. 시사 질문을 통해 우리가 가진 해결책의 가치가 높다는 인식을 심어준다. 시사 질문의 예시는 다음과 같다.

"○○○(문제)이 발생하면 추가적으로 어떤 문제가 생길까요?"

"○○○(문제)이 ×××에 영향을 미치고 있나요?"

"품질 추적성 부족이 고객 불만 해결에 영향을 미치고 있나요?"

"고객 불만 처리 증가가 CS 부서 인력의 이직에 영향을 미치고 있나요?"

"○○○(문제)은 어떤 결과를 가져올까요?"

"○○○은 어떤 영향을 미칠까요?"

시사 질문을 하면, 고객은 더 고통스러워하거나 더 두려워한다. 이때 해결책인 우리 상품에 대한 설명이 바로 들어가면 그 가치를 충분히 전달하기 어렵다. 고객이 문제를 제대로 해결하도록 돕기 위해서라도 다음의 해결 질문까지 완료한 후 해결책을 제시해야 한다.

해결 질문 Need pay-off question

해결 질문은 질문을 통해 고객이 해결책의 가치를 최대한 크게 인식하도록 한다. 즉 해결책의 매력도를 높이고 구매 저항을 감소시킨다. 시사 질문까지는 고객이 가진 문제와 두려움에 대해 이야기했다면, 해결 질문은 질문을 통해 고객이 그 문제와 추가적인 문제들까지 해결한 상태에 대해 말하게 하는 것이다.

다시 말하면, 고객이 받을 여러 이익을 스스로 말하게 해서 기대감을 높이는 것이다. 해결 질문을 할 때 고객의 편안한 표정과 함께 미소가지 볼 수 있을 것이다. 해결 질문의 예시는 다음과 같다.

"생산성 향상을 위해 어떤 방법이 있을까요?"

"고객 불만을 줄이기 위해 어떤 것들을 해보셨나요?"

"해결된 상황이 된다면 또 어떤 것들이 좋아질까요?"

"해결책으로 인해 생산성이 좋아지면 얼마나 좋아질까요?"

"생산성이 좋아진다면 다른 어떤 것들이 좋아질까요?"

"비용을 50% 줄일 수 있다면, 구체적으로 연간 얼마나 절감되는 건 가요?"

SPIN 질문을 하려면 어떤 상황에서 어떤 질문을 할지 미리 준비하고 연습해야 하다. 저절로 나오지 않기 때문이다. 어떤 문제가 고객에게 왜 중요한지 알고 있어야 한다. 그래야 고객에게 와닿게 느낄 수 있다. 우리의 상품이 해결할 수 있는 문제가 무엇이고, 그 문제들을 해결하면 어떤 점들이 추가적으로 좋아지는지 미리 파악해 놓아야 한다. 만약 어떤 고객은 해결책으로 인해 추가적으로 좋아지는 부분을 떠올리기 어려워한다면, 그럴 때 질문의 형식으로 고객에게 힌트를 주어 고객이 스스로 말하도록 도와줄 수 있다.

매출 상승 핵심 패턴 9 실천하기

SPIN 질문을 사용해 고객의 니즈를 개발하고 구매 동기를 끌어올려보자.

1. 고객이 가지고 있을 만한 문제점 3가지는 무엇인가?

_____

_____

_____

2. 우리의 상품이 해결할 수 있는 문제점은 무엇인가?

_____

_____

_____

3. 고객이 문제점을 확인하기 위해 던질 수 있는 SPIN 질문을 만들어보자.

S _____

P _____

I _____

N _____

매출 상승 핵심 패턴 10
이슈에는 단호하게
사람에게는 따뜻하게

홍콩에서 화장품 유통사 중 2위 업체에 상품을 공급할 때이다. 해외 영업을 처음 시작할 때, 홍콩의 유통사 중 일부에서는 갑질하는 분위기가 아직 남아 있었다. 하지만 시간이 지나고 인식이 개선되면서 구매자의 위치에서 판매자를 무례하게 대하는 사람들이 많이 줄었다. 그런데 유독 이 회사의 담당자들은 자신이 필요한 것이 있으면 앞뒤 없이 무리하게 요구하고, 우리가 요청한 것에 대해서는 무시하는 뉘앙스가 심했다.

자신들이 갑 회사에 일한다고 무례하게 구는 모습이 이해가 되지 않았다. 그런데 원인을 알아보니 젊은 담당자들은 그런 태도로 파트너를 대하고 싶지 않은데, 프로젝트를 총괄 지휘하는 상급자의 압박으로 인해 그들도 어쩔 수 없이 그렇게 한다는 것을 알게 되었다.

사람에게는 따뜻하게

이러한 상황을 파악하고 직접 연락하던 상대측 담당자들과의 소통 원칙을 정했다. '이슈에는 단호하게, 사람에게는 따뜻하게'라는 협상 소통의 원리를 가져와서 상대 '회사'의 무리한 요구에는 단호하게 대처했다. 하지만 직접 상대하는 고객사의 개발, 구매 담당자들에게는 가능한 부드럽게 대하기로 했다.

담당자들이 이직하면 보통 동일 산업 내에서 움직인다. 관계를 잘 만들어 놓으면 그들은 새로운 거래처의 담당자가 되어 우리의 조력자가 될 수 있다. 이들을 최대한 우리 편으로 만들어 놓는 것이 향후 영업 확장을 위해 가치 있는 투자이다.

담당자들은 상사의 지시 때문에 자신이 생각해도 무리한 요구를 할 수밖에 없었다. 기분을 상하지 않게 하면서 부드러운 어조로 설득하는 방식으로 그들을 대했다. 그래서 그들과의 관계가 어떻게 됐는지 결론부터 말하자면, 매니저급을 포함해서 그 유통사에서 다른 회사로 이직한 사람 중 한 명은 동종 업계 1위 기업으로 옮겨서 우리와의 거래 물꼬를 터줬다. 다른 한 명은 미국계 화장품 브랜드사에 입사한 후 아시아 소싱 담당이 되어 우리와 신제품 개발을 주도했다. 나머지 한 명은 홍콩 로컬 중고가 브랜드사에 입사하여 우리가 신규 거래처를 개척하는 데 큰 도움을 주었다.

그들과 업무적으로 다시 연결되는 데 있어 여러 복합적인 요소가 작용했겠지만, 이 정도로 효과가 있다면 알아볼 만한 가치가 있지 않을까? 이때 종종 사용했던 화법이 상대의 마음을 공감해주고 편한 선택을 유도하는 3F 화법이다.

3F 화법은 'Feel(느끼다), Felt(느꼈다), Found(발견하다)'로 구성된다. 3F 화법으로 상대의 마음에 공감하며, 거절의 표시를 부드럽게 할 수 있다. 또한 상대의 거절을 승낙으로 바꿔낼 수도 있다.

- 당신이 어떻게 느끼는지 이해합니다. Feel
- 많은 분이 대부분 그렇게 느꼈지요. Felt
- 그리고 어떤 분은 ~ 라는 것을 발견했습니다. Found

예를 들어보자. 이미 합의된 납기가 있는데, 납기가 길다고 불평하는 상황이다. 유통사 내부적으로 수요 예측을 잘못했을 가능성이 큰데, 보통은 이렇게 대응한다.

구매자: 납기를 줄여주세요.
판매자: 납기는 처음 제품 개발 시 합의되었습니다. 다른 제품도 생산 일정을 모두 맞춰 놨기 때문에 조정이 어렵습니다.

'납기 조정이 어렵다'는 동일한 내용을 3F 화법으로 말해보자.

구매자: 납기를 줄여주세요.
판매자: 납기가 짧지 않다고 느끼는 것을 충분히 이해합니다. Feel 많

은 분이 처음에는 그렇게 느꼈습니다._{Felt} 지금은 그분들도 납기를 줄이면 품질에 문제가 발생할 수 있다는 걸 알게 되면서 결국 정해진 납기를 수용하고 있습니다. 저희의 고품질 제품이 문제없이 잘 팔리는 걸 안 후에는 납기를 건드리지 않기를 잘했다고 하십니다._{We have found that ~, Found}

우리가 제시한 가격이 비싸다고 할 때도 이렇게 이야기할 수 있다.

싸지 않다고 느끼는 것을 십분 이해합니다._{Feel}
많은 분이 처음에는 싸지 않다고 느꼈습니다._{Felt}
그분들도 사는 가격보다 나중에 품질이 문제 되면, 처리비용이 더 커지는 걸 알고 오히려 저희 제품이 더 싼 거라고 하십니다._{We have found that~, Found}

상대가 느끼는 것을 이해한다고 하면 자신의 느낌을 수용해주기 때문에 반발심이 수그러든다. 그리고 다른 사람들도 그렇게 느꼈고, 다른 사람들도 판매자의 조건을 따랐을 때 더 큰 가치를 얻었다고 하면 일종의 군중심리 효과가 일어난다. 그래서 거절하거나 반대하는 의견을 부드럽게 되돌릴 때 효과적이다.

매출 상승 핵심 패턴 10 실천하기

고객이 문제를 제기하거나 거절하는 상황은 어떤 상황인가?

1. 그 상황에 맞는 3F 화법을 적어보자.

Feel

_____

_____

_____

Felt

_____

_____

_____

Found

_____

_____

_____

매출 상승 핵심 패턴 11

단점이 있다고?
축하합니다!

"하늘에서 샌드위치가 떨어진다."

호주 멜버른에 샌드위치 가게인 재플 슈츠Jaffle Chutes가 7층에 문을 열었다. 바쁜 일상에서 간편하고 빠르게 식사를 해결할 수 있는 샌드위치 가게는 대부분 접근이 쉬운 1층에 위치한다. 특별한 이유가 있지 않은 한 높은 층으로 잘 올라가지 않는다. 용도에 맞게 빠르게 접근할 수 있는 위치에 자리 잡기 때문이다. 그럼 이 샌드위치 가게의 주인은 어떻게 '접근이 불편한 위치'라는 단점을 극복했을까?

샌드위치에 낙하산을 매달아 고객이 있는 1층으로 떨어뜨렸다. 주문한 고객은 시간에 맞춰 1층에 +자 표시된 곳에서 받으면 된다. 고객에게 '재미'라는 가치를 주면서 SNS상에서 입소문을 타고 큰 호응을 얻었다. 임대료가 비싼 1층이 아닌 7층에서 '접근성이 좋지 않다'라는 단점을 '재미'라는 이익으로 바꾼 사례이다.

척추측만증 육상 선수

어느 유망한 육상선수가 있었다. 어느 날, 평소와 다르게 다리에 통증을 느꼈다. 검사를 해보니 선천적인 척추측만증이 있다는 것을 알게 되었다. 달리는 일을 직업으로 하는 그에게 척추측만증은 명백한 단점이었다. 지인들은 건강을 위해 육상을 그만두라고 조언했다. 하지만 그는 새로운 훈련을 시작했다.

척추측만증 때문에 다리에 무리가 간다면 오래 버틸 다리를 만들기로 했다. 그는 다른 선수들의 몇 배에 달하는 고강도 다리 훈련을 했고, 결국 통증을 버틸 다리를 만들어냈다. 척추측만증에서 오는 고통을 버틸 수 있게 되자, 그의 비정상적인 골반 움직임이 오히려 보폭을 늘려주었다. 기록 단축에 결정적으로 작용했다. 단점을 극복해 자신의 장점으로 만든 이 육상선수의 이름은 육상계의 번개, 우사인 볼트이다.

"제품의 단점 때문에 해외 영업이 어렵습니다."

해외 영업 코칭을 할 때 많이 듣는 고민이다. 상담과 협상을 할 때, 많은 사람이 상대에게 단점을 보이려고 하지 않는다. 상대가 뻔히 우리의 단점을 알고 있어도 은근슬쩍 넘어가려 한다. 하지만 바이어에게 신뢰받는 해외 영업인은 오히려 단점을 인정한다. 나아가 단점을 적극적으로 활용하여 상대의 신뢰를 얻는다. '거짓말하면 안 된다'라는 착한 사람 시늉을 하자는 것이 아니다.

내가 취급하던 제품 중에 납기가 유난히 느린 제품이 있었다. 경쟁자들의 납기는 6주인데 내 제품의 납기는 9주가 걸렸다. 무려 50%가 더 길었다. 다행히 품질은 나쁘지 않았다. 어떻게 이 단점을 장점화했을까? 읽기를 잠시 멈추고 5초만 생각해보자.

"우리 제품은 납기가 깁니다. 9주입니다. 매우 세밀한 품질 검사를 하기 때문입니다. 덕분에 불량률이 훨씬 낮습니다. 품질 불량으로 인해 발생하는 비용이 훨씬 적게 들고, 최종 고객의 만족도를 극대화할 수 있습니다. 당신의 고객은 당신 브랜드의 팬이 될 것입니다."

먼저 '납기가 길다'라고 단점을 인정했다. 하지만 이 단점의 원인으로 인해 '품질이 좋아지면 품질 불량 때문에 발생하는 품질비용이 줄고, 무엇보다 중요한 최종고객의 품질 만족도가 올라가 당신이 받을 이익이 훨씬 크다'라는 점을 제시했다. 내 제품의 단점을 바이어가 얻게 될 이익으로 보여줬다.

납기라는 물리적 조건을 순식간에 바꿀 수는 없다. 있는 사실을 숨기려고 하다가는 사업의 모든 것인 신뢰를 잃는다. 하지만 이 '단점'을 우리가 해외 영업에 활용할 수 있는 도구라고 생각하면, 매력적으로 어필할 수 있는 다른 요소가 보인다.

　중요한 것이 한 가지 더 있다. 단점은 '스스로', 묻기 전에 '먼저' 말하자. 털어서 먼지 안 나는 사람 없다고, 사업도 사람이 하는 일인데 완벽한 기업이 있을까? 세상에 단점이 하나도 없는 완벽한 제품이 있을까? 상대도 알고 나도 안다, 분명히 어떤 단점이 있음을.

　단점을 먼저 말하면 상대는 경계의 벽을 낮춘다. 우리를 문제가 있으면 알려주는 사람이라고 인식한다. 그렇다고 단점만 말하고 끝내면 어떻게 될까? '아, 여기는 납기가 다른 업체보다 오래 걸리는구나. 솔직한 건 좋은데 거래는 어렵겠네'로 끝난다. 경계의 벽을 낮춘 다음에는 이익을 제시해야 한다. '그래서 당신에게 이런 이익이 있다. 오히려 이것으로 인해 당신은 더 큰 이익이 얻게 된다'라고 인식하게 만들어야 한다.

　우리의 단점을 1) 보여주고 2) 장점화하여 3) 바이어의 궁극적 이익에 연결하라. 우리가 가진 단점을 바이어의 궁극적 이익으로 인식시키기 위해 핵심 패턴 실천하기를 통해 미리 준비하자.

1. 제품의 단점 5가지를 써보자.

2. 제품의 장점 5가지를 써보자.

3. 바이어가 궁극적으로 원하는 이익 5가지를 써보자.

_____

_____

_____

_____

_____

_____

4. 제품의 '단점이 장점으로 바뀌어 바이어의 궁극적 이익으로 연결되는 흐름'을
만들어보자.

_____

_____

_____

_____

_____

_____

매출 상승 핵심 패턴 12
자라 or 에르메스?

자라ZARA **VS 에르메스.**Hermes

B2B 해외 영업은 경쟁자가 전 세계에 산재해 있다. 경쟁이 치열하여 비슷한 수준의 상품이라면 원하는 가격으로 판매하기가 쉽지 않다. 그럼에도 불구하고 우리와 만나서 거래를 타진한 고객에게는 우리와의 거래를 검토한 이유가 있다. 상품 자체의 품질력은 물론이고, 기업의 신용도, 물류의 편리성, 국가 신용도와 이미지 등 여러 요소가 복합적으로 작용한다. 각 부분에서 기본적인 상품성을 검토하고 가격을 제시해야 할 때가 온다.

감정에 따라 구매 예산을 갑자기 늘릴 수 있는 개인 구매와 여러 부서의 예산이 상품 개발 단계에서부터 적용되어 가격에 반영되는 기업의 구매는 다르다. 상품은 개발, 생산, 물류, 마케팅, 영업 등 여러 단계를 거쳐 소비자에게 전달된다. 이 과정에서 각각의 예산이 할당되고, 우리 상품을 구매하는 예산이 책정되어 있다. 고객이 예산을 초과하여 상품을 구매하도록 만들면 좋겠지만, 가장 현실적인 것은 고객의 구매 예산 내에서 우리가 가져올 최대의 가격을 확보하는 것이다.

구매자는 가능한 낮은 가격으로 구매하려 하고, 판매자는 가능한 높은 가격을 받으려고 한다. 견적의 세부 내용을 파악하려는 구매자는 공정별 생산성까지 일일이 계산해서 견적을 제출하도록 요구하기도 한다. 구매 시스템이 갖춰진 구매자는 판매자에게 견적의 세부 내역을 요구한다. 세부 내역은 세부 내역대로 주더라도 만약에 우리 상품의 가격이 경쟁사보다 높다면 다른 부분을 어필해야 한다. 어필할 때 사용할 수 있는 좋은 방법 중 하나가 '대조+비유'이다.

경쟁 상품을 보편적 가격대 브랜드와 비유하고 자신의 상품을 명품 브랜드로 비유한다. '대조+비유'는 설명보다 설득하는 힘이 훨씬 세다. 예를 들면 자동차 브랜드 중 슈퍼카와 보편적 자동차 브랜드, 즉 페라리와 쉐보레를 '대조+비유'한다. '대조+비유'를 사용할 때도 질문을 통해 상대의 생각을 자극한다.

구매자: 책정된 예산 범위를 넘는군요(비싸다는 말을 이렇게 하는 경우가 많다).
판매자: 쉐보레가 쉐보레의 가격인 이유가 있고, 페라리가 페라리의 가격인 이유가 있지 않을까요?

구매자: 네, 그렇죠.

판매자: 왜 그럴까요?

구매자: 그건 품질이나 브랜드의 가치가 반영되고, 원재료에서 차이도 있을 수 있고⋯(구매자 스스로 이야기하며 스스로 설득이 된다).

의류 브랜드에 비유할 수도 있다.

구매자: 비싸군요(직선적으로 이렇게 말할 때도 종종 있다).

판매자: 자라가 자라의 가격을 받는 이유가 있고, 에르메스가 에르메스의 가격을 받는 이유가 있지 않을까요?

구매자: 네, 그렇죠.

판매자: 그 이유가 무엇일까요?

만약에 브랜드로 비유한다면 상대가 아는 브랜드로 해야 효과가 있다. 비유로 드는 대상을 구체적으로 알고 있을수록 더 생생하게 느끼기 때문이다. 비유가 필요할 때는 그 나라 사람들이 알고 있는 브랜드인지 확인해볼 필요가 있다.

가격 협상을 할 때 공식적 자리인 회의실에서 마주 앉아 이야기하기도 하고, 이메일로 할 때도 있다. 하지만 그 전에 직접 만나거나 화상 회의를 할 때 미리 밑밥을 깔아 놓는 방법도 있다. 생산 공정, 품질

실사를 핑계로, 차로 왕복 6시간 거리의 생산 공장에 동행할 때였다. 프랑스 고객사의 여성 구매 담당자와 업무 얘기도 하고, 스몰 토크도 하면서 아이들 이야기를 꺼냈다.

내 아이가 신생아일 때 분유를 이것저것 먹여도 배앓이를 해서 비싼 프랑스산 분유를 먹여봤더니 배앓이를 안 하더라는 이야기를 스몰 토크 중에 했다. 그 이야기가 나중에 가격 협상할 때 기억이 나서 한국의 보편적인 분유 가격보다 30% 정도 가격이 높은 프랑스 분유(노발락Novalac)의 비유를 든 적도 있다. 이런 식으로 말이다.

구매자: 가격이 높군요.
판매자: 한국의 보편적인 분유는 그 가격을 받는 이유가 있고, 노발락은 노발락의 가격을 받는 이유가 있지 않을까요?

비유의 범주

비유의 효과를 높이려면 비유로 드는 대상이 개념상 가까운 범주에 있으면 별 차이가 없다는 느낌을 준다. 예를 들어 '보험은 적금통장이다. 왜냐하면 볼 때마다 안심이 되기 때문이다.' 비유로 든다고 들었지만 와닿지 않는다. 가까이 있는 개념을 비유로 들었기 때문이다. '보험은 아들이다. 든든하기 때문이다'처럼 개념상 멀리 있어야 그 메시지에 더 끌린다.

많은 바이어가 정해진 구매 예산을 갖고 있다. 하지만 가격이 아닌 전혀 다른 방식의 접근을 하는 고객사도 꽤 있다. 이런 고객들을 설득하기 위해 비유의 총알은 많이 준비해 놓을수록 좋다.

기존에 고객이 사용하는 제품이 있을 때 우리의 새로운 제품을 제안하는 상황에서는 이런 비유를 쓸 수 있다.

구매자: 지금 사용하던 제품에 특별한 문제는 없습니다. 굳이 새로운 제품으로 바꿀 필요가 없군요.

판매자: 자동차 산업이 하이브리드에서 전기차로 바뀌고 나아가 수소차가 나오고 있듯이, 새로운 제품으로 시장을 선점하는 것도 괜찮지 않을까요?

B2B 해외 영업을 할 때, 경쟁사의 제품과 우리의 제품을 비교 품평하는 시점이 있다. 이 시점에서 선택의 저울을 우리 쪽으로 기울게 해야 한다. 이때 고려하고 있는 사항이 무엇인지 자세히 알려주면, 설명해주겠다고 말할 때 비유를 사용하는 방법이다.

구매자: 지금 경쟁사의 제품과 여러 요소를 비교 품평 중입니다.

판매자: 최고의 요리사도 짠지 싱거운지 알려줘야 손님의 입맛에 딱 맞는 최고의 요리를 만들 수 있듯이, 어떤 점에 가장 중점을 두는지 알려주실 수 있을까요?

비유를 활용하기만 해도 상대를 훨씬 쉽고 빠르게 이해시키고 내가 원하는 방향으로 이끌 수 있다. 설득하고 싶을 때, 추상적인 원래의 개념을 이해시킬 때, 쉽게 이해되도록 비유를 사용하자.

매출 상승 핵심 패턴 12 실천하기

바이어에게 가격을 제시했더니, '가격이 비쌉니다'라고 했던 상황을 떠올려보자.
어떤 비유를 사용하면, 그 가격이 품질 등 여러 조건을 고려했을 때 정당한 가격이
라고 말할 수 있었을까?
(지금 써보지 않으면, 다음에 같은 상황이 와도 써먹지 못한다. 꼭 써보기 바란다.)

_____

_____

_____

_____

_____

_____

바이어에게 기존에 사용하는 제품이 있을 때, 우리의 새로운 제품을 제안하는 상
황에서 사용할 비유를 적어보자.

_____

_____

_____

_____

_____

_____

매출 상승 핵심 패턴 13

그럼에도 불구하고
양보해야 한다면

찜찜한 거래

뉴욕 출장 때의 일이다. 고객사 미팅을 마치고 숙소가 있는 타임스퀘어로 돌아오는 길에 갑자기 비를 만났다. 우산을 사려고 상점에 들어갔더니 무척 조악해 보이는 접이식 우산이 있었다. 가격을 물으니 10달러라고 했다. 아무리 봐도 그 정도는 안 될 것 같아 7달러에 달라고 했더니 상점 주인은 그러자고 했고 7달러에 사서 우산을 쓰고 나왔다. 나중에 생각해보니 더 깎을 수도 있었겠다는 생각이 들었다. '6달러를 불렀어도 되지 않았을까? 아니, 4달러에도 살 수 있지 않았을까?'라는 찜찜함이 남았다.

구매자가 원하는 가격을 불렀는데 판매자가 대번에 수락하면 이런 기분이 든다. 만약에 상점 주인이 9달러 아래로는 못 판다고 했다면 어땠을까? 이렇게 달라는 대로 다 주면 구매자는 만족하지 못한다. 협상에서 이겼다고는 하나 적정가격이 아닌 비싼 가격에 샀다는 찜찜한 기분이 남고 그 상점은 비싸게 파는 곳이라는 인식을 갖게 된다.

그럼에도 불구하고 양보해야 한다면

여러 조건 조율과 노력에도 가격을 이유로 협상이 진척되지 않는 상태를 교착 상태라고 한다. 이런 상황에서 논의가 앞으로 나아가지 못할 때, 그리고 구매자에게 '좋은 조건에 구매했다'라는 인식을 갖게 해주고자 할 때, 거래를 꼭 성사시켜야 한다면 2가지 양보 기법을 사용해 거래를 진척시켜야 한다. 이때 활용할 수 있는 양보의 기술을 갖춘다면 상대에게 만족감을 주면서 우리도 실리를 챙길 수 있다.

역삼각형 가격 할인

우리가 가격을 인하할 수 있는 여력이 9,000원이고, 상대는 세 번의 가격 인하를 요청할 것이라고 가정하고 간단한 퀴즈를 풀어보자. 다음의 3가지 가격 인하 방법 중 어느 것을 택하겠는가? 그리고 그 이유는 무엇인가?

1. 처음 2,000원, 두 번째 3,000원, 세 번째 4,000원 인하한다.
2. 처음 3,000원, 두 번째 3,000원, 세 번째 3,000원 인하한다.
3. 처음 4,000원, 두 번째 3,000원, 세 번째 2,000원 인하한다.

3가지 중 가장 좋은 방법은 3번이다. 가격을 인하할수록 금액의 폭이 작아지도록 하는 것이다. 상대는 우리의 인하 여력이 점점 줄어든다는 것을 알 수 있다. 2번은 요구할 때마다 같은 금액으로 인하하는 것이다. 그러면 상대는 가격을 계속 깎고 싶어진다. 가장 안 좋은 방법은 1번이다. 인하의 폭이 점점 커지면 상대는 동일 금액일 때보다 더 가격 인하에 집착할 것이다.

교환하기

가격을 내리는 조건으로 반대급부를 요청해야 한다. 가격 인하 여력이 있으니 반대급부를 요청해도 되고 안 해도 되는 것이 아니라, 반드시 요청해야 한다. 그렇지 않으면 처음 제시한 가격에 대한 정당성도 떨어질 뿐 아니라, 추가적인 가격 인하를 계속 요구할 여지를 남겨 놓기 때문이다. 이렇게 했을 때, 더 이상의 양보가 어렵다는 것을 확인한 구매자는 자신이 얻은 것에 대해 만족감을 느낀다.

가격을 인하하는 대신에 줄어든 마진을 수량으로 보충하기 위해 주문량을 늘려 달라고 할 수도 있고, 생산성이 높아져 우리 측에 원가 절감이 되도록 사양을 단순화하는 등의 방법도 있다. 대금 지급 조건을 우리 쪽에 더 유리하게 요구하는 방법도 있다. 상황에 맞게 우리가 수익을 더 올리거나 비용을 절감할 수 있는 방법을 찾아서 제시하면 된다.

영업 협상은 끝나야 끝나는 것이다

백화점 정장 매장이다. 손님이 이 스타일 저 스타일, 사이즈가 딱 맞는 것도 입어보고 살짝 넉넉한 것도 입어본다. 그러다 보니 1시간이 훌쩍 넘는다. 어떤 것으로 살지 결정하고 매장 점주에게 말한다.

"사장님, 비싼 정장 사는데 넥타이 하나 서비스로 주세요."

당신이 점주라면 어떻게 하겠는가?

우리가 영업 협상을 할 때 제품의 사양, 인도 조건, 대금 지급 조건, 납기, 품질 수준 등 여러 조건을 주고받으며 협상을 통해 거래계약 내용이 정리된다. 이제 계약서를 작성해서 서명하면 되겠구나 할 때, 고객이 가격을 아주 조금만 더 할인해달라거나, 운송 조건의 조정을 요청하는 경우가 종종 있다.

이것을 가리켜 야금야금 먹는 동작을 일컫는 영어 단어인 니블 nibble을 사용하여 '니블링 기법nibbling tactic'이라고 한다. 나의 경우 베트남 바이어와 프랑스 바이어가 서로 알아서 짜고 하는 것도 아닐 텐데, 하루에 각각의 바이어에게 두 번의 니블링이 들어온 적도 있을 만큼 빈번하게 쓰인다.

앞의 백화점 니블링 예시에서, 매장 점주는 1시간을 사용했다. 우리는 거래 제안서 작성부터 시작해서 긴 시간과 노력을 들여 여러 조건을 조율하고 계약의 성사까지 왔다.

B2B는 거래 제안부터 시작해서 수개월이 걸릴 수도 있다. 이렇게 이미 사용된 시간과 비용이 아까워서라도 조금 양보하고 빨리 계약서에 사인하고 싶은 심리를 활용해 추가적인 양보를 받아내는 니블링 기법이 사용된다. 이럴 때는 우리가 원했으나 받아들여지지 않았던 안건을 하나 골라 교환하기로 대응할 수 있다.

매출 상승 핵심 패턴 13 실천하기

가격이나 거래 조건을 양보했어야 할 상황을 떠올려보자. 양보의 2가지 기법인 역삼각형 양보와 교환하기를 활용하여 시나리오를 만들어보자. 어떻게 하면 고객에게 만족감을 주면서 우리의 실리를 챙길 수 있을까?

\
\
\
\
\
\
\
\
\

매출 상승 핵심 패턴 14
들어라,
지갑이 열린다

어느 날 호주 고객 T사에서 클레임이 들어왔다. T사는 호주에서 가장 큰 소매체인으로, 우리는 T사의 PB(유통업체의 자체 브랜드) 제품을 OEM 형태로 제조 공급하고 있었다. T사는 문제 제품의 공급액뿐 아니라, 영업 손실과 브랜드 이미지 실추까지 보상하라고 요구했다. 제품을 팔기 위해 들어간 물류비, 광고선전비 등의 판매관리비와 자사 PB 상품 브랜드 신뢰도에 끼친 영향까지 배상하라는 것이었다. 청천벽력이었다. 우리가 판매한 OEM 제품 공급가를 훨씬 뛰어넘어 회사를 휘청이게 할 만한 액수였다.

우선 방향 설정이 필요했다. '영업 손실과 브랜드 이미지 실추까지 배상하라는 것은 너무 무리한 요구이고, 이렇게 요구하는 고객사와는 거래할 수 없다'라고 강하게 나갈 수 있었다. 하지만 우리는 이번 클레임을 활용해 책임지는 모습을 보여주고, 신뢰를 회복하여 궁극적으로는 거래 품목을 확대하는 방향을 택했다.

먼저 할 일은 문제를 빠르고 정확히 파악하는 것이었다. 클레임에 대한 원인 파악, 재발 방지 대책을 우선 보냈다. 이제 배상액을 최소한으로 줄일 차례다. 다른 회사에서 T사로 이직하며 첫 거래를 성사시켜준 C는 집안일로 인해 휴직 중이었다. T사 내부에는 우리를 지원 사격해줄 사람이 없었다. T사는 손해배상 규모에 대한 뜻을 굽히지 않았다.

이메일과 전화로는 진짜 원하는 것, 필요한 것을 파악하는 데 한계가 있었다. 그래서 호주로 날아갔다. 3일에 걸친 회의를 통해 진짜 원하는 것이 무엇인지 파악하고, 최소한의 배상과 추가적인 신제품 개발을 하기로 하고 협상이 마무리되었다.

클레임이 걸렸을 때, 가장 먼저 해야 할 것은 상대방이 진짜 원하는 것이 무엇인지 파악하는 것이다. 적대적인 감정이 있거나, 생소한 사람에게는 자신의 속마음을 털어놓기가 어렵다. 역으로 말하면 우호적 감정이 있거나 익숙한 사람에게는 자신의 생각을 쉽게 이야기할 수 있다.

경청은 어떤 태도로 하는가

듣기만 잘해도 많은 문제가 해결된다. '잘 듣는다'는 뜻으로 경청傾聽이라는 단어를 쓴다. 경청이 중요하다는 것은 상식처럼 되어 있다. 그렇다면 어떻게 듣는 것이 경청하는 것일까? 한자의 뜻과 모양에서 답을 찾을 수 있다. 우선 '기운다'는 뜻의 傾(경)이다. 상대방의 말에 관심을 갖고 주의를 기울여 듣다 보면 몸이 앞으로 기울게 된다. 다음은 '듣는 다'는 뜻의 聽(청)이다. 聽에는 耳(귀 이)와 目(눈 목), 心(마음 심) 자가 들어 있다. 즉 상대에게 기울여 귀로 듣고 눈으로 보며 마음으로 공감하는 태도를 뜻한다.

주도적 경청 3종 세트
: 따라 하기, 정리하기, 질문하기

상대방이 하는 말에 단순히 맞장구를 치거나 '아, 와!' 등의 감탄사를 넣는다고 경청을 잘한다고 할 수 있을까? 다음 3가지 주도적 경청 기법을 통해 경청으로 상대방의 마음을 열고, 친밀감을 형성하는 방법을 알아보자.

따라 하기

친구와 이야기하는 장면을 상상해보자. 당신은 지난 주말에 갔다 온 여행에 대해 이야기하고 있다.

   1.
   나: "주말에 경주에 갔는데, 공기가 무척 좋더라고."
   친구: "으응."

2.

나: "주말에 경주에 갔는데, 공기가 무척 좋더라고."

친구: "아, 공기가 좋았구나."

1번과 2번 중 친구의 어떤 반응이 당신의 이야기를 더 잘 듣고 있다고 느껴지는가? 상대가 한 말의 핵심 부분을 따라 말해주면 상대는 자신의 말에 귀를 기울인다고 느낀다. 자신의 말에 귀를 기울인다고 느낀 상대는 무의식적으로 친밀감을 갖게 된다.

이런 따라 하기는 음성 언어에만 있는 것이 아니다. 영장류의 거울 신경체계 이론에 따르면, 말뿐 아니라 몸짓 언어에서도 따라 하기가 친밀감 형성에 영향을 미친다는 연구결과가 있다. 예를 들면 상대가 커피잔을 들면 우리도 커피잔을 들고, 상대가 필기하려고 펜을 잡으면 우리도 펜을 잡는 것이다.

정리하기

상대방이 문제 상황에 대해서 이것저것 쏟아낼 때도 있고, 자신의 생각을 애매하게 표현할 때도 있다. 상대가 말하고자 하는 내용을 잘 정리해서 표현하면 "그렇죠!"라는 반응이 튀어나온다. 이런 동의와 함께 답답함이 풀리면서 친밀감을 갖게 된다.

T사와의 협상 테이블에서 수입 담당자, 운영팀장이 클레임 때문에 호주 전국 매장에서 받은 불만 접수와 물류의 혼란에 대해 이것저것

이야기했다. 나는 이를 정리해서 "사태를 수습하기 위해 엄청난 노력을 하셨네요. 불편을 끼쳐드려 정말 죄송합니다. 이제는 해결이라는 결론에 집중하고 싶으신 것 같군요"라고 말했다.

상대방이 문제를 수습해야 했던 '상황을 공감'하고, 긍정적 의미(엄청난 노력)를 부여했다. 그리고 함께 풀어갈 방향을 제시(해결에 집중)했다.

질문하기

해외 영업 현장에서 활용할 수 있는 질문으로 경청하기 기법이다. 예를 들어보자. 화장품을 제조 공급하는 제조사의 경우이다.

> 바이어: "요즘 한국에 에어쿠션이라는 제품이 좋다고 하던데요."
> 우리: "그럼요, 에어쿠션이 왜 좋으냐면요…." (설명이 이어진다.)

이렇게 대화를 끌어가면 설명을 하고 바이어에게 끌려가게 된다. 이렇게 바꿔보자.

> 바이어: "요즘 한국에 에어쿠션이라는 제품이 좋다고 하던데요."
> 우리: "어떤 점이 좋다고 하던가요?"

이렇게 말하면 바이어는 본인이 알고 있는 정보와 좋다고 하는 점을 이야기하며 스스로를 설득하게 된다. 질문하는 사람이 대화의 칼자루를 쥐는 것이다.

따라 하기, 정리하기, 질문하기

협상의 탁월한 도구로 사용할 수 있는 주도적 경청 3종 세트이다. 우리는 매일 누군가와 이야기를 한다. 그 누군가에게 하루에 딱 한 번만 연습해보자. 한 주에 하나의 기법을 훈련하는 기분으로. 경청을 잘하면 상대의 마음을 쉽게 열 수 있다.

매출 상승 핵심 패턴 14 실천하기

본문에 나온 따라 하기, 정리하기, 질문하기(경청 3종 세트)를 시험 삼아 가족, 친구, 동료와의 대화에서 사용해보면 어떤 느낌인지 감이 올 것이다. 안전지대에서 일주일만 연습하고, 바이어와의 상담 시 사용해보자.

누구에게 경청 연습을 할지 5명의 이름을 적어보자.

안전지대에서 연습했으면, 이제 차를 타고 도로로 나갈 차례다.

경청 3종 세트를 사용할 바이어 5명의 이름을 적어보자.

_____

_____

_____

_____

_____

_____

_____

_____

_____

_____

PART 3

마동화:
매출 자동화가 되는
마케팅

3만 개의
소음을
뚫는 법

매출 상승 핵심 패턴 15
난 한 놈만 팬다

해외 전시회에 참가하기 위해 사용된 금액 대비 잠재 바이어의 명함을 몇 장 받았는지 계산해본 적이 있는가? 간접인건비는 제외하더라도 직접적으로 사용된 전시회 부스 임차료, 디자인, 항공, 호텔, 샘플, 기타 여비를 더해서 받은 명함의 수로 나눠보자.

업계와 지역과 전시회의 레벨에 따라 다르겠지만 전문 B2B 전시회라면 방문객의 명함 한 장당 10만~30만 원 사이로 나올 것이다. 수출지원금 받아서 비용이 들지 않았다고 안심하지 않기를 바란다. 지원금을 못 받게 되는 순간, 당신의 허약한 해외 마케팅 체질을 직면하기 싫다면 말이다.

PART 3의 마동화 핵심 패턴을 실천하면 이 비용을 10분의 1 이하로 떨어뜨릴 수 있다. 즉 해외 전시회에 연간 1억 원을 들여 참가하여 잠재 바이어의 명함을 1,000장 받았다면 연간 1,000만 원 이하의 금액으로 1,000명 이상의 잠재 바이어 정보를 획득할 수 있다는 말이다.

심지어 1년 걸릴 일이 넉넉히 6개월이면 끝난다. 잠재 바이어의 연락처 정보를 획득하는 것뿐만 아니라, 그들의 니즈를 끌어올려 우리 상품이 더욱 잘 팔리는 기반을 만드는 것이 마동화 실천의 목적이다. 가장 먼저 해야 할 것은 고객의 범위를 좁히고 또 좁히는 송곳처럼 뾰족한 타깃팅이다.

어떻게 하면 적은 마케팅 예산으로
최대의 효과를 낼 수 있을까?

작은 기업의 마케팅은 대기업과 달라야 한다. 당연한 말 아니냐고? 당연히 다를 수밖에 없는데 많은 중소기업이 대기업 방식을 흉내 내고 있다. 아니면 대기업의 방식을 부러워하며 손을 놓고 있다. 중소기업에 적합한 마케팅을 모르기 때문이다.

대기업은 1년 후 성과가 나오는 마케팅 전략을 일부 구사해도 된다. 그렇게 할 수 있는 자원이 있기 때문이다. 하지만 중소기업은 성과를 바로 확인할 수 있는 전략을 사용해야 한다. 방향을 제대로 잡지 못하고 대기업을 따라 한다면 몇 개월 못 가 자원이 바닥나고 말기 때문이다.

특정 고객에 집중하라

가장 먼저 할 일은 특정 고객에 집중하는 것이다. 타깃을 좁히고 좁혀 자신이 집중할 고객군을 선택한다. 상식적으로 생각하면 최대한 많은 고객에게 상품을 팔아야 하는데 타깃을 좁히라니? 그것도 최소로 좁히라는 말이 선뜻 이해되지 않을 수 있다.

예를 들어보자. 남자아이만을 타깃으로 하는 미술학원이 있다. 남녀 비율을 반반이라고 가정하면, 일단 전체 시장의 반을 포기했다. 주위의 반응은 어땠을까? 모두 말도 안 되는 짓이라고 했다. 시장의 반이상을 버리고 시작하겠다니 말이다. 설상가상으로 한 번 더 좁혀 산만한 남자아이들을 타깃으로 잡았다.

'딸로 태어난 엄마는 죽어도 모르는 아들 미술교육'이라는 슬로건을 내걸고 산만한 아들을 둔 엄마들의 니즈를 정확히 충족시켰다. 은행 대출로 시작한 이 미술학원은 지금 전국에 46개의 프랜차이즈를 가진 미술교육 기업이 되었다.

타깃을 좁혀 잡아야 하는 이유가 단순히 마케팅 예산의 문제만이 아님을 알 수 있다. 해당 고객군이 가진 문제만 집중적으로 해결할 때 더 높은 가치로 인식된다. 당신이 갑자기 심장에 문제가 생겨 수술해야 한다고 해보자. 같은 의사라고 해도 전반적인 진료를 하는 일반의에게 가겠는가, 아니면 심장전문의에게 가겠는가?

초보 수출 기업, 3년 만에 고수되다

초보 수출 기업에서 3년 만에 전문 무역상사가 된 화장품 수출 기업의 예를 들어보자. 립틴트, 비비크림, 립스틱, 아이라이너 등 얼굴을 예뻐 보이게 하는 화장품을 색조 화장품이라고 한다. 그리고 토너, 에멀션, 크림, 에센스 등 피부를 보호하는 화장품을 기초 화장품이라고 한다. 이 회사는 처음에 기초 화장품과 색조 화장품 모두를 중국, 일본, 중동, 동남아, 유럽, 미국 등 거의 모든 대륙에 걸친 타깃을 상대로 영업하고 있었다. 품목도 자신이 공급할 수 있는 모든 품목을 다 공급할 수 있다고 했다.

해외 영업 담당자는 시간대가 제각각인 잠재 고객으로부터 오는 산발적인 문의에 집중력을 잃었고, 매출 실적은 지지부진했다. 방법을 찾아야 했다. 타깃 시장을 우선 접근성이 좋은 아시아로 좁혔다. 그리고 한 번 더 좁혀 동남아시아의 색조 브랜드사로 잡았다.

고만고만한 반응이 왔던 다른 제품과 달리 비비크림의 반응이 조금 더 나았다. 품질과 콘셉트에서 가장 경쟁력이 있는 품목이 비비크림이라고 판단한 후, '우리는 비비크림만 연구하고 비비크림만 생산합니다'라는 슬로건을 내걸었다. 이렇게 한 품목에 집중하여 일단 동남아 고객만 집중 공략했다.

먼저 색조 화장품을 취급하는 브랜드사들과 거래가 발생했다. 비비크림으로 거래를 시작해 고객사가 10여 개가 되어갈 무렵, 비비크림으로 거래를 시작했던 고객사들로부터 다른 품목도 공급할 수 있는지 문의가 들어오기 시작했다. 우리가 아는 대부분의 맛집은 특정 메뉴로 유명하다. 메인 메뉴를 먹으면서 조금 덜 유명한 메뉴도 함께 먹는 것과 같다.

시간이 지나며 지역적으로는 아시아를 넘어 미국과 유럽 브랜드사까지 거래가 확대되었다. 처음에는 타깃을 좁혀 잡고 그 시장에 들어갔다. 전문성을 어필하며 특정 카테고리에서 기반을 잡았다. 이어서 해당 품목에 대한 점유율을 높이며 주변 품목과 지역 범위를 넓힐 수 있었다. 땅을 깊게 파다 보면 넓게 파지는 법이다.

이 회사도 처음부터 하나의 상품으로, 하나의 고객군에 집중한 것은 아니었다. 처음에는 이것저것 다 할 수 있다는 마케팅을 했다. 그러다가 한계에 부딪혔다. 그리고는 전략을 수정하여 타깃을 좁히고 좁혀 하나의 상품과 특정 고객군을 집중 공략했다. 작은 기업은 한정된 자원을 집중시켜야 한다. 자신이 가장 잘 해결할 수 있는 문제를 가진 특정 유형의 고객을 골라서 집중 공략해야 한다.

마케팅의 시작인 특정 유형 고객을 선정할 때 주의할 점이 있다.

첫째, 자신이 가장 잘 해결할 수 있는 문제를 가진 고객이어야 한다는 것이다. 기껏 표적을 좁혀 잡아서 마케팅과 영업 역량을 쏟아부어 거래 성사 직전까지 갔는데, 막상 그들의 문제를 해결할 수 없다면 그동안의 노력은 수포로 돌아가기 때문이다.

둘째, 타깃의 시장이 너무 작다면, 다른 타깃을 하나 더 잡아야 한다는 것이다. 단, 각각의 타깃은 완전히 다르게 접근해야 한다. 기업 규모가 작지만 그 분야에 완전히 특화된 공급자로 보여야 신뢰를 얻을 수 있다.

셋째, 마케팅과 영업의 중심을 사람에 두어야 한다는 것이다. 기업과 단체 같은 무생물이 아니라 사람에게 중점을 둘 때, 그들과의 추가적인 협업이 활발히 발생한다. 그들이 가진 가장 큰 문제를 당신이 해결해주면, 그다음 큰 문제를 당신이 해결해주기를 바란다.

매출 상승 핵심 패턴 15 실천하기

1. 현재 거래 중인 고객사와 잠재 고객사를 나열해보자.

_____

_____

_____

_____

2. 나열한 업체 중 고객이 가진 문제(또는 니즈)를 가장 잘 해결해줄 수 있는 곳은 어디인가?

_____

_____

_____

_____

3. 특별히 애착이 가거나 집중하고 싶은 고객사가 있는가? 어느 기업인가? 왜 애착이 가거나 집중하고 싶은가?

_____

_____

_____

_____

4. 그 기업의 특징은 무엇인가?

_____

_____

_____

_____

5. 어떤 사람의 문제(또는 니즈)를 해결해줄 것인가?

_____

_____

_____

_____

매출 상승 핵심 패턴 16
마케팅 로그라인

핵심 패턴 15를 통해 특정 고객층을 타깃으로 잡았다. 이제 타깃에게 우리의 상품이 어떻게 도움이 되는지 이야기할 차례이다. 우리의 상품에 대한 간결하고 끌리는 요약문은 마케팅 로그라인과 영웅의 여정을 통해 만들어진다.

마케팅 로그라인 logline

기업가는 규모가 크건 작건 개인과 사회의 문제를 해결하는 해결사이다. 검색포털은 세상에 있는 정보들이 여기저기 흩어져 찾기 어렵다는 문제를 해결한다. 침대회사는 불편한 잠자리라는 문제를 해결한다. 동네 편의점은 간단한 식음료와 잡화를 사기 위해 차를 몰고 멀리 있는 마트로 가야 하는 불편함을 해결한다. 기업의 상품으로 구매자의 문제를 해결하여 심리나 육체를 편안한 상태로 만들어준다.

우리가 해결할 수 있는 특정 고객층의 문제는 무엇이고, 그 문제를 해결하면 고객은 어떤 상태가 되는가? 이 질문에 대한 답을 2~3문장으로 만들면 마케팅 로그라인이 된다. 마케팅 로그라인은 우리가 제공하는 상품이 어떤 것인지 간결하게 요약하여 고객을 낚는 역할을 한다.

로그라인은 영화계에서 사용하는 단어이다. 영화에서 로그라인은 영화가 어떤 내용인지 알려주는 간략한 요약이다. 흥미를 자극하고 주요 갈등 상황이 포함되는데, 영화 투자자와 관객을 순간적으로 낚는 역할을 한다. 상업영화는 수십억 원 이상을 들여 만든다. 청중에게 이야기의 내용을 명확하고 쉽게 전달하지 못하거나 흥미를 자극하지 못하면 손해를 감수해야 한다.

영화 로그라인의 예를 보자. 영화 〈아바타〉의 로그라인은 '우주의 신비부족과 그를 도우려는 주인공이 자원을 탈취하고 자연을 파괴하려는 이기적인 인간 군대에 맞서 싸우는 이야기'다. 영화 〈테이큰〉의 로그라인은 '납치된 딸을 구하려는 전직 특수요원 아버지가 인신매매단을 집요하게 소탕하는 이야기'이다. 한국 영화 〈베테랑〉의 로그라인은 '막무가내 기질의 광역수사대 형사가 안하무인 재벌 3세의 악행을 처단하기 위해 싸우는 이야기'이다.

영웅의 여정

영화 로그라인은 한 문장으로 주인공과 악당(장애물)의 갈등이 나오고 이야기의 끝을 암시한다. 인류가 좋아하는 영웅 이야기 구조의 축약판이다. 수천 년간 이어져 온 전형적인 영웅 이야기 구조는 이렇다. '주인공'이 '악당'을 만나 위기에 처했을 때, 멘토가 '해결책'을 제시하고 행동을 촉구하여, 실패하지 않고 '성공'한다. 내용 전개상 앞뒤가 바뀌거나 각종 흥미유발 장치가 덧붙여질 뿐 대부분의 영웅 이야기는 이 구조를 기본으로 한다. 〈스타워즈〉의 루크도 〈쿵푸팬더〉의 포도 주인공으로서 이 구조를 따라 난관을 헤쳐 나간다.

왜 시나리오 작가들은 인물, 시대, 상황 그리고 소재를 바꿔가며 이 구조를 계속 사용할까? 관객이 이야기에 몰입되어 흥미를 느끼고 고조되어 마침내 카타르시스를 경험할 수 있는 최적의 구조이기 때문이다. 마찬가지로, 마케팅 로그라인을 사용해 특정 고객층을 자동으로 몰입시켜 난관을 헤쳐 나가고 고조되어 마침내 구매라는 카타르시스에 이르도록 하는 것이 우리가 하려는 것이다.

영웅 이야기 구조로, 우리의 각종 마케팅 자료에 넣을 수 있는 마케팅 로그라인을 만들어 보자. 수출 상담을 온라인으로 하든, 오프라인에서 하든, 전시회에서 만나든 바이어를 만난다. 고객이 될 누군가, 또는 고객을 소개해줄 누군가를 만난다. 마케팅 로그라인을 듣거나 본 잠재 바이어가 이런 반응을 보이도록 하는 것이 목적이다.

'내 얘기네. 저렇게 하면 괜찮겠어. 더 알고 싶어.'

현재 당신은 다음의 질문을 받으면 뭐라고 답하는가? 5초만 읽기를 멈추고 생각해보자.

"어떤 일을 하시나요?"

대부분의 사람은 십중팔구 이렇게 답한다.

"○○○ 브랜드를 운영하고 있어요."
"해외 화장품 브랜드사에 ODM 제품을 공급하고 있습니다."
"글로벌 가전업체에 고품질의 부품을 공급하고 있습니다."

회사 소개 프레젠테이션에 익숙한 사람은 "우리 회사는 ○○○○년에 설립돼서…"로 시작해서 회사의 연혁과 어떤 제품과 서비스를 제공하는지, 위치는 어디인지 등 초점 잃은 멘트들을 던진다.

어떻게 하면 바이어에게 '어, 내가 필요한 거야!'라는 생각이 들게 만들 수 있을까? 어떻게 하면 바이어의 잠재의식이 우리 상품이 필요하다고 느끼게 할 수 있을까? 다음 4개의 질문을 통해 알아보자.

주인공(고객): 당신의 고객은 누구인가?
여기서 주인공은 고객이다. 판매자가 아닌 '고객'이다. 우리는 주인공이 악당을 무찌르고 행복하게 오래오래 사는 결말을 보여주려고 한다. 예를 들어 식품을 수입 유통하는 바이어가 타깃이고, 당신은 김치 가공품을 만드는 제조자(예를 들어 Kimchiya라고 하자)라면 그 바이어가 주인공이다. 당신의 고객은 누구인가? 그가 주인공이다.

악당(고객이 해결하고 싶은 문제, 고민, 근심, 우려, 걱정): **그의 문제는 무엇인가?**

예를 들어 돈이 되는 새로운 제품을 소싱해야 하는 바이어의 고민은 '시장에 먹힐 만한 콘셉트가 독특한 상품을 찾기가 어렵다'는 것이다. 우리 바이어의 고민은 무엇인가? 밤 잠 설치다가 이불킥하는 그 근심 거리는 무엇인가?

해결책: 그를 도와주려는 당신의 해결책은 무엇인가?

우리의 브랜드일 수도 있고, 상품일 수도 있다. 상황에 맞게 넣고 A/B 테스트를 해서 반응이 더 좋은 것으로 결정하면 된다. Kimchiya가 이번에 만든 제품은 김치 가공품 패키지이다. 김치 파우더, 김치전을 만들 수 있도록 미리 제조된 키트, 김치만두로 구성되어 있다. 바이어를 도와주려는 당신의 해결책은 무엇인가?

성공: 당신이 도와준다면 고객의 삶은 어떻게 달라질까?

이 상품을 수입 유통해서 바이어의 삶이 어떻게 달라질 것인지 그려주는 부분이다. 바이어의 삶은 어떻게 달라지는가? 시시때때로 들어오던 품질 클레임이 없어지는가? 최종 소비자들의 품질 만족도가 올라가서 브랜드에 팬덤이 생기는가? 제품 포장 생산성이 올라가 인건비가 반으로 줄어드는가? 그래서 현금흐름이 좋아지는가? 어떻게 달라지는가?

마케팅 로그라인의 예시를 보자.

"많은 식품 수입유통사(주인공)가 잘 팔리는 식품 찾기를 어려워합니다(악당).
Kimchiya는 콘셉트 있는 김치 가공품을 만들었습니다(해결책).
경쟁자보다 더 돋보여 시장점유율을 더 높일 수 있습니다(성공한 상태)."

내가 운영하는 수출자동화연구소를 예로 들어보자.

"많은 기업(주인공)이 해외 매출 올리기를 어려워합니다(악당).
수출자동화연구소는 해외 마케팅비를 줄이고, 더 많은 진성 바이어를 발굴하도록 만듭니다(해결책).
더 쉽고 더 빠르게 해외 매출을 올릴 수 있습니다(성공한 상태)."

마케팅 로그라인은 상담 현장에서 말하는 것뿐만 아니라, 홈페이지, 이메일 서명, 명함, 회사 소개서, 팸플릿 등 우리의 존재가 노출되는 모든 곳에 넣는다. 우리가 바이어에게 도움이 되는 존재로 자연스럽게 각인되도록 만든다. 처음 만든 것은 초안이라고 생각하자. 우선 종이에 적고 외우자. 만나는 사람들에게 이야기하여 흥미를 느끼는지 시험해보자. 추가 정보를 달라고 하면 제대로 하고 있는 것이다.

매출 상승 핵심 패턴 16 실천하기

자신의 마케팅 로그라인을 만들어보자.

주인공
질문) 당신의 고객은 누구인가?

악당
질문) 그가 해결하고 싶은 고민, 문제, 우려, 걱정, 근심은 무엇인가?

해결책
질문) 그를 도와주려는 당신의 해결책은 무엇인가? 그 해결책이 당신의 브랜드이어도 되고 상품이어도 된다.

성공
질문) 당신이 도와준다면 고객의 삶은 어떻게 달라질까?

---

1. 마케팅 로그라인을 종이에 적고 입으로 술술 나올 때까지 외운다. 말할 때 어색한 부분을 수정한다.

2. 마케팅 로그라인을 각종 마케팅 자료에 넣는다.

3. 당신이 무슨 일을 하는지 말할 일이 있을 때, 잠재 바이어를 만났을 때 마케팅 로그라인을 말한다.

매출 상승 핵심 패턴 17
중독성 강한
윤리적 뇌물

'되로 주고 말로 받는다'라는 말이 있다. 조금 주고 그 대가로 몇 곱절이나 많이 받는 경우를 비유적으로 표현한 말이다. 주로 남에게 안 좋은 일을 하고, 그 대가로 더 나쁜 일을 당할 때 쓰는 속담이다. 이 속담을 긍정적으로 해석하여, 고객에게 좋은 것을 주고, 몇 곱절이나 더 좋은 것을 받는 방법인 '정보 주기'에 대해 살펴보자.

고객은 해결하고 싶고 해결해야 하는 문제를 가진 사람이다. 우리에게 그 문제를 해결할 수 있는 방법이 있다면 알고 싶지 않을까? 만약 우리에게 요구해서, 돈 들이지 않고 그 해결책을 알 수 있다면 요구하지 않을까? 이 원리를 활용하자.

우리는 고객의 문제를 어떻게 해결하는지 알고 있다. 모른다면 사업의 원점부터 다시 점검해야 한다. 기존 고객은 그들의 문제를 해결하기 위해 우리 상품을 구매했다. 그리고 우리는 고객의 문제를 더 잘 해결하거나, 새로운 문제를 해결하기 위해 계속 연구하고 개발한다. 우리에게는 그들의 문제와 우리의 해결책과 시장의 트렌드에 대한 정보가 계속 쌓이고 있다. 이 정보의 일부를 활용해 PDF 자료집으로 만든다. 그리고 잠재고객이 '제게 주세요'라고 '손을 들게' 만든다.

예를 들면, 중고차는 판매자와 구매자가 가진 정보의 양과 질이 명백히 차이나는 대표적인 정보 비대칭 시장이다. 구매자가 자동차 전문가가 아닌 이상, 차의 성능에 대해 정확히 알 수 없다. 단지 성능 점검표라는 정보에 의지할 뿐이다. 반면 딜러는 차량의 성능에 대해 정확히 알고 있다. 중고차 구매자는 소위 말하는 '바가지'를 쓰게 되지 않을까 걱정한다.

이런 상황에 착안하여 '정보 주기'를 활용한 쉬운 사례가 《중고차 판매할 때 딜러들이 바가지 씌우는 노하우 7가지 모음집》이다. 구매자의 문제를 해결해주는 정보가 실린 PDF 전자책이다. 한 중고차 딜러가 사용한 이후 중고차 업계에서 심심찮게 벤치마킹되고 있는 사례이다.

정보 주기의 목적

정보 주기의 목적은 다음 세 가지이다.

첫째, 전문 분야 정보를 주면 우리가 단순히 상품 파는 사람이 아닌 전문가로 인식된다. 문제를 정확히 알고 그 해결 방법을 잘 정리한 정보를 만든 사람이 있으면 그는 전문가로 인식된다. 중고차 사례에서 '딜러들이 바가지 씌우는 노하우'를 아는 사람은 양심적 딜러이거나 자동차 관련 전문가라고 생각되는 원리와 같다.

예를 들어 한 포장 기계 제조사가 제목이 〈포장 기계 제조사가 말하지 않는 5가지 비밀〉이라는 PDF 정보집을 만들었다고 해보자. 포장 기계 제조사만 알고 있는 지식을 넣었다고 생각한다. 일반적으로 포장 기계와 업계를 자세히 모르는 사람이 이런 정보를 제공한다고 생각하지 않는다. 이때 포장 기계 제조사는 그들이 아는 정보 중, 고객이 알고 있으면 좋을 것과 자신만의 차별점을 내세울 수 있는 점을 넣으면 된다. 고객이 궁금해하는 전문 정보를 제공하면 당신은 그 분야의 전문가로 인식된다.

둘째, 잠재고객의 연락처를 받을 수 있다. 정보를 보내려면 이메일 주소든 메신저 아이디든 연락처가 있어야 한다. 그러므로 연락처를 쉽게 받을 수 있다. 수백 수천만 원을 들여 해외 전시회 한번 가서 명함을 받는 속도와는 비교가 안 될 정도로 빠르고 지속적으로 잠재고객의 연락처를 모을 수 있다.

셋째, 잠재고객이 어떤 생각을 하는지, 어떤 어려움이 있는지 알 수 있다. 우리가 제공하는 무료 정보가 필요한 이유를 간단히 작성하게 만들면 된다. 그렇게 되면 이 포장기계 판매사는 그 양식을 작성한 바로 그 잠재고객이 어떤 생각을 하는지, 어떤 어려움이 있는지 알 수 있다. 이를 종합하면 해당 고객군이 공통적으로 갖고 있는 문제를 찾을 수 있다.

정보의 제목

온라인 광고와 B2B 온라인 마켓을 통해 무료 정보를 원하는 잠재고객을 접촉할 것이다. 온라인의 특성상 보는 순간 바로 필요성을 인식시킬 수 있어야 한다. '핵심 패턴 2'에 있는 첫 문장 만들기 기법을 활용하면 잠재고객이 '제게 주세요'라고 하며 신청하게 만들 수 있다.

정보의 작성

관련 이미지를 포함하여 10페이지 내외로 가장 빠르게 작성할 수 있는 구성은 다음과 같다.

1. 잠재고객이 갖고 있는 가장 큰 고통, 문제 환기
2. 문제 부추기기
3. 해결책 제시
4. 고객 후기
5. 정보를 읽은 뒤 잠재고객이 해야 하는 행동

1, 2, 3번은 이 책의 '핵심 패턴 5'를 참고하여 작성한다. 4번은 기존 고객의 후기를 직접 받아도 좋고, 우리가 작성해서 기존 고객의 허락을 받아도 된다. 만약 고객과 상호 기밀유지 계약이 되어 있다면 저촉이 되지 않는 선에서 고객의 후기를 넣어주자. 5번에서는 우리의 해결책에 관심을 보이는 잠재고객이 우리에게 어떻게 연락해야 하는지 알려준다. 해결책에 대해 추가적인 정보가 필요하면 자연스럽게 우리에게 연락할 수 있도록 해서, 판매 프로세스를 진전시킨다.

　이 무료 정보를 받기 위해 잠재고객이 우리에게 이메일 주소를 주었다. 첫 번째 보내는 이메일에는 해당 무료 정보를 다운로드할 수 있는 링크를 넣어 보낸다. 그리고 판매 진전을 일으키는 추가 이메일 작업은 다음 핵심 패턴으로 이어진다.

매출 상승 핵심 패턴 17 실천하기

1. 핵심 패턴 2에 있는 첫 문장 만들기 공식을 활용하여 PDF 정보집의 제목 5개를 만들어보자.

_____

_____

_____

_____

_____

2. 다음 순서대로 PDF 정보집을 만들어보자.

• 잠재고객이 갖고 있는 큰 고통, 문제 환기

_____

_____

_____

• 문제 부추기기

_____

_____

_____

• 해결책 제시

_____

_____

_____

• 고객 후기

_____

_____

_____

• 정보집을 읽은 뒤 잠재고객이 해야 하는 행동

_____

_____

_____

매출 상승 핵심 패턴 18
가장 사적인 광고 틀

이메일 마케팅의 중요성

경영컨설팅 회사 맥킨지의 분석에 의하면, 사무직 노동자는 이메일을 읽고 답하는 데 평균 업무시간의 28%를 사용한다. 미국 정규직 노동자는 하루 평균 120건의 이메일을 받고, 읽고 답하는 데 2.6시간을 쓴다. 하루 평균 15번 이메일을 확인한다.

　이메일은 일을 하는 데 있어 꼭 필요한 수단이기 때문에 사용하지 않을 수 없다. 꼭 필요 수단이기에 이메일 관련 행동을 분석하여 시간을 관리하는 방법이 하버드 비즈니스 리뷰와 같은 경영 전문지에 실리기도 한다. 이처럼 이메일은 없앨 수 없는 소통 수단이다. 이를 잘 활용하면 불특정 다수를 상대로 하는 광고보다 효과가 월등히 나은 B2B 해외 마케팅 수단으로 사용할 수 있다.

이메일이 최신 온라인 마케팅 플랫폼도 아닌데 마케팅 수단으로 선호되는 이유는 무엇일까? 신규 거래 가능성을 키우는 측면에서 보자면 다음 두 가지다.

첫째, 기존 고객에게 추가 판매가 가능하다.

기존 고객과 제품을 개발하고 나면 수주와 발주 그리고 생산 관리, 출고, 선적 등 일상적 업무를 진행한다. 이러한 일상적 업무 외에 기존 고객에게 유용한 콘텐츠를 제공할 수 있다. 콘텐츠를 전문적으로 만드는 인원이 없다면 거창하게 뉴스레터까지 만들 필요도 없다. 고객의 업무와 관련된 업계의 내용을 시리즈화할 수도 있고, 개인적으로 도움이 될 만한 내용도 다양하게 제공할 수 있다.

둘째, 이메일 마케팅으로 잠재고객의 구매 니즈를 끌어올릴 수 있다. 해외 전시회에 갔다 오거나 온라인 수출상담회를 하면 잠재 고객의 이메일 주소를 받는다. 이메일을 전략적으로 활용하지 않는다면, 당장의 구매 수요가 없는 잠재고객은 한두 차례 팔로업 이메일을 보내고 잊어버리기 일쑤다.

신제품이 나왔을 때나 프로모션이 필요할 때, 관련 이메일을 발송하면 그나마 나은 경우이다. 아직 거래가 없는 잠재고객이라면, 익숙하지 않은 것을 여러 번 보여주면 그에 대해 다른 것보다 좋은 평가를 하게 되는 단순 노출 효과를 활용해 신뢰를 형성하고 구매 니즈를 끌어올릴 수 있다.

신뢰 관계를 형성하고 구매 니즈를 끌어올리려면 기존에 일상적인 업무를 하듯 이메일을 보내면 안 된다.

다음은 이메일 마케팅 시 반드시 확인해야 할 사항이다.

개인 맞춤 이메일을 보내라

이메일에는 반드시 수신자의 이름을 넣는다. '관계자분께'라든지, 아니면 이름없이 '안녕하세요'라고 시작하는 불특정 다수에게 보낸 듯한 메일은 누가 봐도 알 수 있다. 당신을 위해 보낸 정보라는 것이 표현되도록 잠재고객의 이름을 반드시 넣는다. 이메일 수신자가 몇 명 안 되면 이름을 일일이 넣어서 이메일을 하나씩 보낼 수 있겠지만 우리가 갖고 있는 이메일 주소는 그것보다 훨씬 많다.

이메일 마케팅 기법을 조직에 본격적으로 도입하기 전에, 구매 니즈를 육성하기 위한 이메일을 하루에 50명씩 보냈던 때가 있었다. 이름만 바꿔서 보내는 데도 시간이 만만치 않게 걸렸다. 메일침프 MailChimp나 허브스팟HubSpot 등의 이메일 솔루션이 있다는 것을 알았더라면 팀원들의 시간을 많이 아낄 수 있었을 것이다.

이름만 넣어서 보내는 것으로는 맞춤 이메일이라고 할 수 없다. 콘텐츠별 분류도 할 수 있고 시간대별 분류도 할 수 있다. 예를 들면 고객들이 읽을 수 있는 시간대에 보내야 읽고 행동할 확률이 더욱 커진다. 경험상으로는 고객들이 업무를 시작하고 1시간 후에 보내면 이메일 오픈율과 회신율이 가장 높았다. 업종, 국가, 개인 등의 요소가 영향을 미치므로 A/B 테스트를 하며 어느 시간대가 회신율이 가장 좋은지 찾아야 한다.

이메일 발신자의 이름을 넣어라

회사가 하는 프로젝트라고 이메일 발신자에 회사의 이름을 넣으면 안 된다. 우리는 가장 사적인 광고 수단인 이메일에 대해 이야기하고 있다. 때문에 신뢰를 쌓기 위해 사람 대 사람으로 이야기하는 방식을 취해야 한다.

고객 중심 콘텐츠 만들기

이메일 마케팅에서 '이런 제품이 나왔다. 관심 있느냐?'라고 상품을 팔려고 하는 메일만 보내면 안 된다. 휴지통으로 직행하는 지름길이다. 고객에게 도움이 되는 전문적인 정보를 보내서 우리가 보내는 메일은 기본적으로 가치가 있다는 인식을 심어줘야 한다.

다음의 내용으로 콘텐츠를 만든다.

- **문제 및 해결책**: 고객이 갖고 있는 일반적인 문제와 해결 방법에 대한 아이디어
- **업계 뉴스, 시장 정보**: 내용의 업계 뉴스나 시장 정보, 고객과 연관된 새로운 기술

- 팁: '~을 위한 5가지 방법', '~ 의 위한 7단계'의 제목과 함께 실행 가능한 팁

모바일 최적화

모바일 환경의 중요성이 이미 높아졌고, 점점 높아지고 있다. 우리가 보낸 이메일이 모바일에서 이상하게 보이면, 효과 없는 이메일을 보내게 되는 꼴이다. 모바일에서도 제대로 보이는지 반드시 확인하고 보낸다.

A/B 테스트

이메일 마케팅의 유효성을 평가하는 지표로 이메일 오픈율과 이메일 내 링크의 클릭률을 사용한다. 효과성을 평가하고 제목, 내용 배치, 이미지 등 최적의 조건을 찾으려면 이메일 솔루션 내에 있는 A/B 테스트 기능을 사용해서 이메일 포맷을 최적화한다.

'핵심 패턴 17'에서 만든 PDF 정보집을 사용해 잠재고객과 연결됐을 때 바로, 구매 니즈를 끌어 올리기 위해 일정한 간격을 두고 연속적으로 이메일을 보내는 것을 추천한다. 하지만 바로 상품 구매에 대해 제안을 하는 것은 아니다. 거래 제안은 수차례의 이메일 발송과 이어지는 상담으로 신뢰를 쌓은 후에 해야 한다.

〈원 위크 마케팅〉의 저자 마크 섀터필드는 회사와 상품을 잠재고객에게 각인시키고 판매 단계를 진전시키기 위해 연속적 이메일 보내기를 추천한다. 7개의 이메일을 10일에 걸쳐 다음과 같은 핵심 내용으로 보내라고 제안한다.

- **1번 이메일**(0일 차): PDF 정보집을 받을 수 있는 링크를 보낸다.
- **2번 이메일**(1일 차): 1번 이메일을 받았는지 확인하며 정보집의 링크를 다시 한번 보낸다.
- **3번 이메일**(2일 차): 정보집에 든 특정 내용이 도움이 되었는지 물어보고 피드백을 요청한다. 정보집을 읽지 않은 사람이 읽도록 유도한다.
- **4번 이메일**(4일 차): 우리 상품을 잘 사용하고 있는 다른 고객의 사례를 들려준다. 이메일 수신자가 비슷한 처지의 사람이 우리의 도움을 받아 문제를 해결했다는 사실을 전달하는 것이다.
- **5번 이메일**(6일 차): 정보집에 없는 추가 조언이나 아이디어를 제공한다.
- **6번 이메일**(8일 차): 최근 어느 고객이 문의해온 질문에 대한 답을 말해준다.
- **7번 이메일**(10일 차): 30분 화상 상담을 제안한다.

내용상으로는 기존에 보낸 정보집에 추가적인 정보나 아이디어를 보내는 것이다. 이 구조와 내용은 이메일 발신자인 우리가 전문가로 보이도록 하는 포지션을 잡고 신뢰를 쌓아가도록 구성되어 있다. 잠재고객의 연락처가 확보됐을 때가 그의 관심이 살아 있을 때다. 그때 바로 첫 번째 이메일이 발송되도록 해야 한다.

7번 이메일까지 나가고도 회신이 없으면 앞에서 이야기한 콘텐츠 이메일이 1~2주 간격으로 발송되도록 한다. 잠재고객이 수신 거부를 하지 않는 한 관계를 계속 유지하는 것이다.

매출 상승 핵심 패턴 18 실천하기

1. 기존에 수집한 잠재고객에게 '핵심 패턴 17'에서 만든 정보집에 대해 소개하고 신청하도록 유도하자. 신청하면 7단계 이메일을 발송한다. 이메일 솔루션을 사용한다.

2. 7단계 이메일까지 보냈는데도 회신이 없는 잠재고객은 연결이 유지되도록 1~2주 간격으로 콘텐츠 이메일을 발송하자.

매출 상승 핵심 패턴 19
못 갖게 될 수도 있습니다

"여기 있는 모든 제품의 견적을 보내주세요."

아시아에서 가장 글로벌한 화장품 박람회는 11월에 홍콩에서 열린다. 공식 명칭은 COSMOPROF ASIA이지만 일반적으로 코스모프로프 홍콩이라고 부른다. 이야기는 이 박람회에서 갑질하던 바이어를 만나며 시작된다.

화장품 카테고리 중 한국 브랜드를 시작으로 세계적으로 유행한 BB크림이라는 색조 화장품이 있다. 당시 많은 화장품 제조사는 자신들이 만들 수 있는 모든 제품을 해외 박람회에서 백화점식으로 전시했다. 우리 팀은 한국의 화장품 트렌드를 취합하여 BB크림을 콘셉트별로 세분화했다. CC크림, DD크림 등 A부터 Z까지 콘셉트 만들었다.

이 한 가지 콘셉트로 박람회 부스 전체를 디스플레이 했다. 당시로서는 보기 드문 전략이었다.

3일간의 전시 일정 중 둘째 날이었다. 건장한 체구의 서양 남자가 불쑥 들어와 우리 부스를 잠시 둘러보더니 대뜸 명함을 건넸다. 그 나라에서 가장 규모 있는 화장품 개발 에이전시의 CEO였다.

> "여기 있는 A부터 Z까지의 세부 사항과 견적을 이메일로 보내주세요."

이렇게 한마디 하고 가버렸다. 이는 2가지 경우이다. 첫째는 별 관심 없는데 시장 정보를 수집하기 위해서이고, 둘째는 꼭 필요한데 정말 시간이 없어서이다. 해외 마케팅을 처음 할 때는 가망 바이어가 해달라는 대로 다 해주었다. 고객은 왕이라고 고객의 심기를 건드리면 안 된다고 생각했기 때문이다. 철저한 을의 자세와 마인드로 성실하게 대응했다. 하지만 남들과 같은 방법으로 하면 남들과 똑같은 비교 대상이 될 뿐이었다. 진성 바이어에게 꼭 수주해야 하는 시점이어서 위험을 감수하고서라도 다르게 접근해보기로 했다.

못 갖게 될 수도 있다

사람은 가질 수 없게 될지도 모른다고 생각될 때, 더 갖고 싶다는 충동을 느낀다. 예를 들면 코로나19 초기 미국의 대형 슈퍼마켓 장면이 뉴스에 연일 보도된 적이 있다. 사재기로 인해 텅 빈 매대가 보이고, 화장지를 서로 차지하려고 치고 받는 장면도 있었다. 사람들은 앞으로 손에 넣지 못할지도 모른다는 두려움이 생기면 더욱 큰 가치를 부여한다. 당시 그렇게 만들어진 두려움이 사재기를 더욱 부채질했다.

해외 박람회에 갔다 오면 기본적으로 팔로업 메일(박람회 시 상담했던 내용과 추후 진행 방향에 대한 회신)을 가능한 빨리 보낸다. 앞의 갑질 바이어에게는 일부러 가장 늦게, 그것도 요청한 내용의 답을 보내지 않고, '못 갖게 될 수도 있다' 기법이 들어간 메일을 보냈다. 우선 우리 제품과 부스가 기억나도록 사진을 첨부했다. 그리고 이런 내용으로 메일을 보냈다.

'우리는 모든 제품의 세부 자료와 견적을 제공하지 않습니다. 품목별 간략한 정보를 보내니, 꼭 필요한 것인지 검토해보세요. BB크림이 업그레이드되어 이렇게 다양한 콘셉트로 세분화된 것은 처음 봤을 겁니다.
아직 당신의 시장에는 이런 콘셉트가 나와 있지 않더군요. 많은 브랜드가 박람회장에서 우리와 디테일한 상담을 했지요. 추가 논의가 활발히 진행되고 있습니다. 그리고 한 가지 기억하셔야 할 것이 있습니다. 생산 수량을 갑자기 늘리는 데에는 한계가 있어서 먼저 계약이 되는 브랜드사에게 생산 캐파를 할당할 수밖에 없습니다.'

'당신은 시장에서 뒤처져 기회를 잃을 수 있다'라는 메시지를 던졌다. 어떻게 반응했을까? 우리 부스에 함께 왔던 제품 개발 매니저가 장문의 메일을 보내왔다. 해당 정보를 요청한 배경부터 시작해 몇 품목을 콕 집어서 세부 내용과 견적이 꼭 필요하다는 친근하고 정중한 뉘앙스의 내용이었다. 그 뒤로 활발한 커뮤니케이션이 이어지고 거래가 시작되었다. 10년 넘게 품목을 확대하며 매출을 올려주는 효자 바이어가 되었다.

'네, 여기 있습니다'라며 달라는 대로 다 줬다면 바이어는 우리, 우리 제품의 희소성을 느끼지 못했을 것이다. '얘네는 뭐든 달라면 다 주고, 돈만 주면 언제든 제품을 사올 수 있다'라고 생각했을 것이다. 거래된다면 규모가 있는 바이어여 한국의 제조사들 모두 거래하기를 원하는 상대였다. 갑 중에서도 갑이 숙이고 들어오게 만든 것이다.

악마는 디테일에 있다

바이어가 제품 상세 자료와 견적을 달라고 하면 당신은 어떻게 하는가? '네, 여기 있습니다'라며 그냥 보내는가? 고객이 원하니 서비스 차원에서 척척 갖다 바치는가? 당신이 당신 스스로를 귀하게 여겨야 바이어도 당신을 귀하게 여긴다. 당신의 제품 상세 자료와 견적을 그냥 주면 안 된다. 먼저 비밀유지계약서 체결을 요구하라. '악마는 디테일에 있다'라는 말이 있다. 사소한 것 하나라도 아이디어를 짜내서 당신과 당신의 회사와 상품이 귀해 보이도록 만들어야 한다.

영업을 더 잘하려면 정중하고 단호하게 '못 갖게 될 수도 있다'라고 말하자. 척척 갖다 바친다면 '쉽게 고르는 선택지 중 하나'가 될 뿐이다. 습관이 되지 않았다면 어색할 수 있다. 해보고 효과를 보면, 하지 말라고 말려도 할 것이다. 그리고 '남들도 이 글을 보고 다 이렇게 하면 어쩌나'라는 걱정은 하지 않아도 된다. 애초에 모든 사람이 괜찮은 아이디어를 보고 자신의 사업에 바로 적용했다면, 낮은 매출과 낮은 수익에 허덕이는 사람은 없을 것이다.

1. 처음 만난 바이어가 제품 상세 자료, 견적을 요청하면 당신은 어떻게 하는지 적어보자.

2. '이 제품은 쉽게 가질 수 없는 것이다'라는 인식을 바이어에게 심어주기 위해 어떻게 할 수 있는지 적어보자.

매출 상승 핵심 패턴 20
바이어 신상 털기

"이 제품 공급 가능한가요?"

제니^{Jenny}는 미국 A 고객사에서 신제품 개발 매니저로 있다가 퇴사하고, B사로 옮긴 업무 파트너였다. 이따금 링크드인^{LinkedIn}을 통해 서로의 안부만 물을 뿐 이렇다 할 거래는 없었다. 다시 2년이 지나서 C사로 이직한 후 링크드인을 통해 연락이 왔다.

빠르게 대응하여 신제품을 만들어냈다. 일하는 스타일을 알기에 처음 손발을 맞추는 업무 파트너보다 일이 빠르게 진척됐다.

링크드인^{LinkedIn.com}은 전 세계 200여 국가에 약 7억 7,000만 명의 회원을 보유한 세계 최대 비즈니스 전문 소셜 네트워크이다. 페이스북이나 인스타그램 같은 일반 소셜 네트워크와는 달리 비즈니스 전문

네트워킹과 구인구직에 특화되어 있다. 쉽게 말하면, 해외 영업인에게 링크드인은 비즈니스용 페이스북이라고 보면 된다.

링크드인은 채용 사이트로 시작했고, 지금도 활발히 채용에 활용되고 있다. 일반 사용자는 취업이나 이직을 위해 이력서와 경력기술서에 들어갈 만한 정보를 자세히 입력한다. 과거에 근무했던 회사, 부서 그리고 수행한 업무를 넣고, 채용 관련자가 참고할 수 있도록 보유 기술, 추천서, 수상 경력, 관심 분야까지 상세하게 올린다. 1촌이 되거나 유료 계정을 사용하면 그 사람이 공개한 모든 세세한 정보를 볼 수 있다.

이 데이터를 기반으로 원하는 잠재고객을 찾아낼 수 있다. 다만 원하는 포지션에 있는 사람에게 메시지를 보내려면 1촌 관계이거나 유료 계정을 사용해야 한다. 이와 같은 조건을 포함해 링크드인으로 비즈니스 인맥을 원활히 확대하기 위한 5가지 팁을 살펴보자.

프로필을 충실하게 채워 놓기

우선 자신의 프로필을 가능한 자세하게 채워 놓자. 정보가 많을수록 신뢰도가 올라간다. 링크드인은 페이스북처럼 사적인 이야기를 올리는 공간이 아니고, 직업과 관련된 전문적인 정보를 올리는 플랫폼이다. 인맥이 되고 싶은 사람이 왜 당신과 인맥이 되어야 하는지 이유를 프로필에서 보여주어야 한다.

특히 처음 보이는 헤드라인과 요약문에서 어떤 타깃의 어떤 문제를 해결할 수 있는지 언급해줘야 한다. 링크드인에 대해 전혀 모르는 분은 한글로 내용을 채운 경우도 있다. 국내용으로만 사용할 것이 아니라면 영문으로 작성하도록 한다.

네트워크 확장하기

다짜고짜 1촌 신청을 하면 수락하지 않을 가능성이 크다. 스팸 메시지로 인식할 수 있기 때문이다. 1촌 신청 시 어떻게 알게 되었고, 어떤 이유로 네트워킹을 하고 싶다는 메시지를 작성해서 함께 보내야 한다. 링크드인에 가입한 초기에는 우선 갖고 있는 이메일 리스트를 넣어 1촌의 수를 늘린다. 속해 있는 산업군에는 여러 그룹이 있다. 그룹에 가입하면 해당 업계 사람들이 있다. 그룹 내에서 콘텐츠를 발행하며 인지도를 올려 나가면 인맥 확장에 도움이 된다.

기존 산업 내에서 1촌 늘리기: 온라인 전시회에서 검색

해외 박람회나 온라인 상담회에서 만났던 사람들을 적극적으로 1촌에 추가한다. 이직으로 인해 이메일이나 전화번호가 바뀌더라도 링크드인에는 계속 남아 있어 연결되기 때문이다. 해외 영업팀이 상품을 제안하고자 하는 부서에는 보통 잠재 고객사의 영업팀은 들어가지 않는다. 그러나 링크드인에서 영업팀 인원을 1촌에 추가한다. 같은 직무를 함으로써 공감대가 형성되어 요긴하게 쓰일 때가 있다.

유료 사용자로 전환

세일즈 내비게이터Sales Navigator 사용자로 전환하면 나를 누가 조회했는지 확인이 가능하다. 역으로 추적하여 필요 시 1촌 신청을 할 수 있다. 또한 1촌이 아니어도 월 50개까지 메시지를 보낼 수 있는 기능이 있다. 잠재고객을 등록해 놓으면 이직, 승진 등 신변에 변경사항이 있을 때 자동으로 알림이 뜬다. 그 외에도 누가 나의 프로필을 봤는지 확인이 가능하다. 나의 프로필을 확인한 것을 기회로 1촌 신청하여 인맥을 확장할 수 있다. 이 기능을 사용할 것을 추천한다.

광고 & 콘텐츠 마케팅

링크드인에서 사용자들은 세분화된 광고 타깃을 대상으로 광고를 집행할 수 있다. 직접 반응 광고를 진행하여 잠재고객을 확보할 수 있다. 링크드인에서 콘텐츠 소비량이 일반 소셜 네트워크에서 보다 2배 이상 높다는 조사 결과가 있다. 일반 소셜 네트워크와 달리 링크드인에서는 직무와 관련된 전문성 있는 콘텐츠가 올라오기 때문이다. 그룹이나 회사 페이지 또는 인맥 그룹을 대상으로 콘텐츠를 발행할 수 있다. 잠재고객에게 유용한 콘텐츠를 발행하면 문의가 들어오는 경우도 많다.

매출 상승 핵심 패턴 20 실천하기

1. 링크드인에 가입하여 프로필을 완성한다. 언어를 영어로 세팅한다.

2. 기존 고객과 명함을 보유한 잠재고객에게 1촌 신청한다.

3. 검색을 통해 잠재고객에게 1촌 신청한다.

4. 링크드인의 세일즈 지원 기능을 최대한 사용하려면 세일즈 내비게이터를 유료 결제한다.

매출 상승 핵심 패턴 21

5만 3,170달러를
날릴 뻔하다

"수금 계좌가 바뀌었나요?"

홍콩 바이어에게 메신저로 연락이 왔다. 캡처한 이메일 이미지와 이메일에 첨부된 파일을 보내며, 수금 계좌가 바뀐 것이 맞는 지 확인을 요청해왔다. 우리는 수금 외화 계좌를 바꾼 적이 없다. 뭔가 이상했다. 언뜻 보기에 이메일과 첨부파일에는 문제가 없어 보였다. 이메일로 연락한 내용에 대해서는 이메일로 회신하는 것이 해외 거래하는 선수들의 암묵적 합의이다. 주고받은 이메일 내용을 한눈에 볼 수 있기 때문이다. 메신저로 확인 요청이 온 것은 무엇인가 문제가 있다는 것이다. 받은 이메일을 그대로 우리에게 보내달라고 하여 다시 살펴봤다.

나이지리안 스캠 Nigerian Scam

그동안 거래하며 주고받은 이메일은 회신에 회신으로 쭉 이어 붙어 있었다. 최종으로 받았다고 하는 이메일의 발신자가 우리 직원으로 되어 있었다. 이상 없었다. 하지만 수신 참조에 팀장의 이메일 주소를 넣어 보내는데 평소와 다르게 수신 참조란이 비어 있었다.

수금 계좌가 바뀌었다는 내용의 공문 첨부파일을 열었다. 양식은 우리 회사의 레터 헤드가 맞았다. 그러나 수금계좌의 정보가 다른 것이었다. 다른 나라의 은행이었고, 계좌의 주인 이름도 달랐다. 말로만 듣던 나이지리안 스캠Nigerian Scam이었다.

나이지리안 스캠이란 거래 당사자 간 주고받는 이메일을 해킹해 계좌번호를 바꿔치기 하는 사기 수법이다. 이들은 피해자가 눈치챌 수 없도록 이메일 원본의 내용과 형식을 정교하게 모방한다.

발신지 IP를 추적해보면 지금은 토고, 베냉공화국 등 다른 나라도 많지만 초기에는 모두 나이지리아 IP여서 '나이지리안 스캠'이라는 이름이 붙었다.

이메일 해킹

우선 우리 쪽 이메일 계정을 점검했다. 우리 계정에 접속한 IP를 조사했다. 특이 사항이 발견되지 않았다. 그렇다면 홍콩 바이어의 이메일이 해킹당한 것이었다. 사기꾼들이 홍콩 바이어 이메일을 수시로 확인해서 대금 송금할 타이밍을 기다리고 있었던 것이다. 때에 맞춰 우리가 발송한 것처럼 발신자를 우리 이메일 주소로 하고, 우리의 공문 양식을 편집하여 변경된 계좌로 송금하도록 유도한 것이다.

우리가 조사한 내용을 바이어 측 담당자에게 즉시 알리고, 그쪽 IT 팀에 연락하여 보안 강화 조치를 하라고 일러주었다. 촉이 좋은 담당자 덕분에 대금사고를 막을 수 있었다는 칭찬도 빼놓지 않았다.

이 일로 인해, 우리는 거래하는 모든 바이어에게 공문을 보냈다. 우리는 수금 계좌를 바꿀 계획이 없으며, 만약에 바꾸게 되면 이메일이 아닌, 화상통화를 통해 실물 공문을 보여주고 통화하면서 봉인하여 그대로 보낼 것이라고 했다.

우리는 다른 회사가 나이지리안 스캠을 당했다는 소식을 접하고, 이메일 보안을 점검한 적이 있었다. 해당 이메일 계정 사용자가 방문하지 않은 지역과 사용하지 않은 시간대에 그 계정에 접속한 기록이 나왔었다. 그 계정 사용자는 그날 한국에서 자고 있는 시간이었기 때문에 런던에서 한국시각 새벽 3시에 접속할 일이 없었다.

무역 사기를 예방하라

이후로 우리는 이메일 비밀번호를 정기적으로 변경했고, 사용자가 해외 출장 후에는 이메일 계정에 국내 IP에서만 접속할 수 있도록 바꿨다. 그 이후로 인천공항에 착륙해서 내가 가장 먼저 하는 일은 이메일 해외 접속을 차단하는 것이 되었다.

지인의 스페인 바이어가 이런 사기에 걸려 크게 문제된 적이 있었다. 바이어는 대금을 송금했다고 하고, 지인은 대금을 받지 못해서 알아보니 나이지리안 스캠에 걸린 것이었다. 바이어가 사기꾼에게 속은 것이지 지인이 무엇을 잘 못 한 것이 아니었다. 그럼에도 불구하고 지인은 장기적인 거래 관계를 위해, 원가에서 손해 보지 않는 선에서 대금을 일부 차감해주는 조치를 취했다.

제품을 수출하려면 여러 사람의 시간과 에너지가 들어간다. 땀 흘려 일한 대가가 공중분해 되지 않도록, 자체 이메일 보안을 세밀히 챙기는 것은 물론 관련 프로토콜을 바이어와 미리 협의해야 한다.

매출 상승 핵심 패턴 21 실천하기

1. 현금 수금 거래의 경우 수금 계좌 변경에 대한 프로토콜을 바이어와 공유하자.

2. 이메일 계정의 비밀번호를 주기적으로 바꾸자.

PART 4

人동화:
매출 자동화가 되는
조직 관리

시스템으로
사람을
지켜라

매출 상승 핵심 패턴 22
내로남불하고 있는가?

상황이 제대로 파악되지 않아 경각심이 요구되고 즉각적이고 유연한 대응 태세가 필요한 상황이라는 뜻으로 뷰카VUCA(변동성Volatility, 불확실성Uncertainty, 복잡성Complexity, 모호성Ambiguity)라는 신조어가 널리 사용되고 있다. 그리고 이제 이 뷰카 상황은 있기도 하고 없기도 한 것이 아니라 항상 존재하는 상수가 되었다. 자연 재해부터 신기술의 출현, 일상의 작은 변동성까지 크고 작은 불확실성, 변동성, 모호성이 혼합된 불확실성이 점점 심화되고 있다.

아이슬란드 화산 폭발, 인도양의 악천후, 코로나19. 내가 해외 영업을 하면서 직간접적으로 겪은 사건들이다. 예측할 수 있는 일들이 아니었다. 지금도 일상과 사업에 큰 영향을 미치고 있는 코로나19, 유럽 출장길에 분출해 유럽의 하늘길을 다 막아버린 아이슬란드 화산 폭발, 수출할 제품을 만들기 위해 수입하던 원료를 바다로 날려버린 인도양의 집채만 한 파도. 모두 예측할 수 없는 사건들이었다.

 B2B 해외 영업은 시장조사부터 시작해서 바이어를 발굴하고, 첫 상품을 출고하고 재발주를 받고, 추가 상품 개발까지 손이 많이 가는 일이다. 복잡다단한 이 과정을 아무런 문제를 겪지 않고 잘 처리하는 것은 불가능에 가까워졌다. 고객 발굴이 안 될 때도 있고, 갑자기 생산 스케줄이 꼬일 때도 있다. 고객사 업무 파트너가 갑자기 사라져 대체 인력과 손발을 다시 맞춰야 할 때도 있고, 유가가 치솟아 물류비가 껑충 뛰기도 한다.

 단순 반복 작업이 아닌 복잡성 높은 상황에서 B2B 해외 영업 조직이 성과를 올리려면 어떻게 해야 할까? 사람과 환경에 대한 기본 이해를 바탕으로 시스템을 구축해야 한다. 배가 항구에 정박해 있으면 크게 걱정할 일은 없다. 하지만 배는 바다로 나가 거친 파도를 극복하고 목적지로 가려고 만들었다. 예측 불가능한 악천후를 뚫고 선원들과 함께 매출과 수익이 흐르는 약속의 땅으로 가는 일이 우리가 하고 있는 B2B 해외 영업이다.

 이번 장에서는 성과를 내는 가장 작은 조직 단위인 4~6명으로 구성된 팀 단위 기준으로, 뷰카VUCA 상황에서 B2B 해외 영업 조직이 스스로 전략을 세우고 실행하여 성과 내는 조직을 만드는 방법 제시한다.

내로남불하는 심리

내로남불은 '내가 하면 로맨스, 남이 하면 불륜'을 줄인 말이다. 내로남불 심리는 사람들이 보편적으로 갖고 있는 사회 심리적 현상이다. 같은 일을 하는데 내가 못 하면 상황이 그렇게 만들었다고 생각하고, 다른 사람이 못하면 그가 실력이 없거나 게으르다고 넘겨짚는 것이다. 내 상황은 내가 자세히 알아도 다른 사람의 상황을 소상히 알 수 없기에 어쩔 수 없이 나타나는 현상이다. 조직에서도 이런 일이 흔히 발생한다. 성과가 나오지 않는 팀은 팀원의 실력이 없거나 성격이나 태도에 문제가 있다고 생각하는 경향이 있다. 과연 그럴까? 이스라엘 텔 아비브대학 연구진이 진행한 실험을 보자.

텔아비브대학 연구진이 이스라엘 방위군 장교 4명과 병사 105명을 대상으로 15주간의 실험을 진행했다. 병사들을 1차 훈련 성적이 우수한 그룹 3분의 1, 보통 성적 그룹 3분의 1, 정보가 부족하여 평가되지 않는 그룹 3분의 1로 나눠 2차 훈련에 투입했다. 그리고 장교들에게는 1차 훈련 성적이 좋았던 병사들이 2차 훈련 성적도 좋을 확률이 95%라고 전달했다.

훈련이 끝난 후, 병사들은 기본 이론 지식과 전투 전술, 작전 절차 등의 이론 시험을 치르고 조종술과 사격술 등의 실기 시험을 치렀다. 2차 훈련의 결과는 어땠을까? 예상대로 1차 훈련 성적이 우수했던 그룹의 2차 성적도 잘 나왔다. 심지어 1차 훈련에서의 성적 우수 그룹과 보통 성적 그룹의 차이는 A+와 B로 차이가 크게 났다.

흥미로운 것은 장교들에게 전달된 1차 훈련 성적은 가짜였다는 것이다. 세 개로 나눠진 그룹의 1차 성적은 원래 무작위로 추첨된 것이었다. 여기서 '기본적 귀인오류'를 발견할 수 있다.

기본적 귀인오류란 관찰자가 다른 이들의 행동을 평가할 때 상황의 영향을 과소평가하고, 행위자의 내적·기질적인 요소의 영향을 과대평가하는 경향이다. 즉 사람은 대체로 다른 사람을 평가할 때, 그 사람이 처한 상황보다는 개인의 태도, 신념, 능력에서 원인을 찾는다는 것이다.

고성과자로 알고 있는 병사들이 훈련 중 이해하지 못하거나 어려움을 겪는 것이 있으면, '이들은 원래 잘하는데 뭔가 설명이나 시범이 부족했나 보군'이라며 더 나은 방식을 찾아 설명하고 시범을 보여주었다. 반면 보통 성적 병사들에게는 압박을 가하는 방식을 택했다.

내로남불도 내가 하면 어쩔 수 없는 상황이었다고 하지만 남이 하면 그 사람의 도덕성을 문제 삼는다는 개념에서 나온 말이다. 성과가 저조한 구성원이나 팀을 볼 때, 상황이나 시스템에 초점을 맞추는 것이 아니라 그 '사람'의 역량이나 태도에 초점을 맞추는 것도 기본적 귀인오류의 일종이다.

신호등이 빨간 불인데도 무시하고 지나쳐버리는 자동차를 본 적이 있는가? 환자를 태우고 병원에 가는 중이라고 추측하기보다는 그 운전자가 난폭 운전을 하거나 운전이 서투르다고 생각하는 경향이 더 강하다. 약속 시간에 친구가 늦었다고 해보자. '집에서 조금 더 일찍 나왔어야지'라고 생각하면 기본적 귀인오류에 빠져 있는 것이다. 친구가 예상 시간보다 20분 일찍 나왔으나 오는 도중 도로에 사고가 나 있어 지체되었을 수도 있다는 상황 등을 고려하지 못했기 때문이다.

조직 구성원 중에 의외로 성과가 나지 않는 사람이 있다면 기본적 귀인오류에 빠져 있지 않은지 돌아보자. 상황이나 시스템에 문제가 있었는데 구성원의 자질이나 태도를 원인으로 지적하면 답을 찾을 수 없다. 저성과의 늪에 빠져 있는 조직에서 많이 발견되는 현상이다. 시스템이 없거나 있어도 성과를 억제하는 방향으로 작동하고 있거나, 정서적으로나 경제적으로 압박을 가하는 저성과 동기를 사용하고 있을 가능성이 크다. 이때 리더가 가장 먼저 할 것은 구성원들이 일하는 스템이 정확히 작동하는지 점검하고 보완하는 것이다. 가장 기본적인 두 가지를 제안한다.

첫째, 심리적 안전감을 제공하자. 심리적 안전감이란 구성원이 어떠한 발언이나 행동을 하더라도 비난받거나 불이익을 받지 않을 것이라는 믿음에 바탕한 편안한 심리적 상태를 뜻한다. 심리적 안전감이 있어야 구성원이 갖고 있는 문제와 해결 아이디어를 서로 공유할 수 있다. 질문과 실패를 용인하지 않는 분위기는 구성원을 아무것도 할 수 없게 만든다. 조직 내에서 모르는 것에 대해 솔직하게 질문할 기회, 자신이 한 실패를 공유할 기회, 반대 의견을 말할 기회를 적극적으로 부여하면 구성원의 적극적인 발언과 행동이 저절로 따라온다.

둘째, 일상적인 업무에 대한 체크 리스트를 만들고 제대로 작동하

는지 확인하자. 불확실성이 높은 상황이어도 기본을 지키면 문제없이 처리할 수 있는 일들이 많다. 예를 들면 납기에 맞는 생산 일정과 선적 일정 조율, 출고 전 확인사항 점검 등이 그런 것들이다. 이런 기본적인 일들이 제때에 이뤄지지 않아 외부 고객은 물론 내부 고객과도 신뢰에 문제가 생긴다. 문제가 발생했을 때 그 일을 하고 있는 사람을 탓하기 전에, 해당 업무가 정확히 수행될 수 있도록 체크 리스트가 업데이트되어 있는지 확인하자.

루틴한 일이라 평소에는 중요성을 잘 모르지만 처리가 잘못됐을 때 눈에 확 띄는 일들이 있다. 극단적인 예시로는 팀 내부에서만 공유되어야 할 자료가 고객에게 노출되는 일이 그런 경우이다. 해당 업무를 하는 구성원도 미처 생각하지 못하고 놓치는 경우가 있다. 이런 부분이 어떻게 처리되어야 하는지 체크 리스트를 읽고 적용하면 그 부분이 왜 중요한지, 어떤 방식으로 수행되어야 하는지 쉽게 알 수 있어야 한다.

1. **심리적 안전감**

   실패의 경험을 부담없이 이야기할 수 있는 분위기를 조성하려면 리더가 먼저 실패의 경험을 공유하고, 어떻게 책임지고 해결했는지 보여주자.

2. **체크 리스트**

   기본적인 업무 처리 시, 반드시 확인할 사항에 대해 체크 리스트를 만들어 사용하자. 특수한 상황이 발생하면 업데이트하여 공유하자.

매출 상승 핵심 패턴 23
칭찬은 매출도
춤추게 한다

영국 스태포드서대학 연구팀은 다른 사람 얘기를 할 때에도 칭찬의 말을 하면, 자신의 정신건강에 크게 도움이 된다는 연구 결과를 발표했다. 연구팀은 160명을 대상으로 남의 뒷이야기를 얼마나 자주 하는지 설문조사를 했다. 조사 내용에 자존감 정도와 삶에 대한 만족도 그리고 사회적 유대감도 포함시켰다. 남의 이야기를 많이 하는 사람일수록 사회적 유대감을 많이 느꼈지만 남의 이야기를 많이 한다고 해서 삶에 대한 만족감이나 자존감이 상승하지는 않았다. 하지만 남에 대해 좋은 이야기를 많이 하는 사람은 그렇지 않은 사람보다 자존감이 훨씬 높은 것으로 나타났다.

제목이 칭찬의 장점을 무척 잘 묘사해서 익숙한《칭찬은 고래도 춤추게 한다》라는 책이 있다. 누구나 칭찬을 들으면 기분이 좋다. 칭찬에는 상대방을 이해하고 인정하는 의미가 있어 서로의 관계를 좋게 만드는 효과가 있다. 또한 조직에서는 구성원의 사기가 올라가고 분위기가 좋아진다. 스스로 불확실하거나 미숙할 때 칭찬을 받으면 마음에 여유가 생겨 자신감이 생기기도 한다. 아쉬운 것은 모든 칭찬이 이렇게 효과가 있지는 않다는 것이다. 어떤 칭찬은 안 하느니만 못 하기 때문이다.

칭찬을 효과적으로 1

동료가 해외 영업팀 신입사원으로 입사해서, 해외 출장을 가기 시작할 때의 일이다. 사흘간 홍콩에 있는 고객사들을 방문하고 주말에 귀국했다. 출장 틈틈이 보고서를 작성했지만 아직 출력하지 못했다. 보고를 위해 출력하려고 월요일에 평소보다 일찍 출근했다. 근무지가 달라 평소 만날 수 없었던 다른 계열사 대표이사를 아직 열리지 않은 사무실 문 앞에서 만났다. 회의실로 안내하여 차와 신문을 내어 드리며 나눈 짧은 대화 중 일부이다.

대표이사: 자네는 무슨 일로 이렇게 일찍 출근했나?
동료: 주말에 귀국해 출장 보고서를 아직 출력하지 못했습니다. 출력해 놓으려고 조금 일찍 나왔습니다.
대표이사: 음, 그래. 일 보게.

이때 대표이사는 어떻게 하면 효과적으로 칭찬할 수 있었을까?

칭찬을 효과적으로 2

바이어와 업무를 진행하는 이메일에 팀장은 참조자로 들어 있어 업무의 진행 상황을 파악한다. B2B 해외 영업 담당자는 신규 거래 고객사에 처음 접촉하기부터 거래 조건을 조율하고, 첫 발주를 받기까지 챙겨야 할 것들이 꽤 많다. 한 팀원이 메인으로 진행하던 신규 바이어 프로젝트에서 우여곡절 끝에 첫 발주를 받았다. 이메일에 첨부된 발주서를 본 나의 반응은 다음과 같았다.

"오~ 드디어 첫 발주가 왔네요. 멋집니다!"

이때 나는 어떻게 하면 더 효과적으로 칭찬할 수 있었을까?

칭찬은 이렇게

상대를 성장시키고, 조직의 사기를 끌어올리는 칭찬은 3가지 특징이 있다.

첫째, 결과와 더불어 과정을 칭찬한다.
보이는 결과만 뭉뚱그려 칭찬하는 것보다는 보이지 않는 과정을 넣어 칭찬하는 것이 좋다. 애써 무엇인가 했을 때는 그 노력을 인정받고 싶기 때문이다.

둘째, 구체적으로 칭찬한다.

추상적이고 모호하게 이야기하면 자신이 무엇 때문에 칭찬을 받는지 명확히 알 수 없다. 그래서 신뢰성이 떨어진다. 성의 없이 하는 지나가는 말로 들릴 수 있다. 좋은 의도로 한 말이 역효과를 낼 수 있다. 그래서 구체적으로 칭찬하려면 그 사람에 대해 관심을 두고 관찰해야 한다.

셋째, 자신의 감정을 이야기해준다.

예를 들어 "열정적으로 일하는 매니저님을 보니 제가 다 힘이 나네요"라고 칭찬할 수 있다. 자신이 상대방에게 좋은 영향을 미친다는 자부심을 느낄 수 있다. 자신이 상대에게 좋은 영향을 미친다고 생각되면 자기 효능감이 올라간다.

효과적 칭찬 3가지 특징을 적용해서, 팀원이 첫 발주를 받은 것에 대한 칭찬을 다시 하면 이렇게 할 수 있다.

"그동안 샘플도 많이 보내고, 우여곡절 겪어가며 애쓰시더니 드디어 발주를 받으셨네요! 그 노력이 보상받는 것 같아 저도 정말 기쁩니다."

앞 대표이사의 사례에서는 이렇게 칭찬하면 좋았을 것이다.

"맡은 일을 책임감 있게 하는 모습을 보니 든든하네."

조직 관리 시 칭찬이 중요하다는 것을 많이들 알면서도 정작 제대로 하는 사람은 드물다. 칭찬도 효과적으로 하려면 연습이 필요하다. 실제 마음은 진심을 담아 칭찬하고 싶지만 연습이 부족해서 하지 못하는 경우가 많기 때문이다. 인사치레로 하는 말인지 마음에서 우러난 것인지 헷갈리게 하지 말고, 제대로 할 수 있게 연습하자. 이왕 하는 칭찬이라면 제대로 해서 조직이 더 잘 돌아가게 할 수 있다.

매출 상승 핵심 패턴 23 실천하기

효과적인 칭찬의 3가지 특징을 적용해서, 주위에 있는 3명의 장점을 칭찬해보자.

이름: _____

장점: _____

이름: _____

장점: _____

이름: _____

장점: _____

- 평소에 하던 방식이 아니어서 어색할 수 있다. 연습하면 익숙해지고, 익숙해지면 조직의 사기가 올라가 매출이 상승한다.
- 결과와 함께 과정을 칭찬한다.
- 구체적으로 칭찬한다.
- 칭찬하는 사람의 감정을 말한다.

매출 상승 핵심 패턴 24

200년 전 인도에서
있었던 일

"직원들이 자꾸 그만두는데 어떻게 하죠?"

'인사가 만사'다. 해외 영업 마케팅의 성공은 결국 구성원들이 얼마나 주도적이고 창의적으로 일하느냐에 달려 있다. 하버드 비즈니스리뷰에 의하면, 높은 수준의 조직 관리 기법을 보이는 상위 10%의 기업은 하위 10%의 기업에 비해 이익이 1,500만 달러 더 높고, 연간 25% 더 빨리 성장하며, 생산성은 75% 더 높다고 한다. 대기업의 경우 성과 창출의 중요 축인 조직 문화에 투자의 여력이 있다. 반면에 작은 기업의 조직 관리 현실은 녹록지 않다.

한 중소기업 경영자의 고민을 들어보자.

"저희 회사는 아직 규모가 크지 않습니다. 연봉도 대기업만큼 주지 못하고 있고요. 그러다 보니 인력을 확보하는 데 어려움이 있고, 들어온 인력도 자꾸 나가려고 합니다.

저는 최대한 직원에게 신경을 쓴다고 쓰는데 직원이 퇴직하겠다 하면 힘이 빠지고 인간에 대한 배신감마저 느낍니다. 무엇보다 할 일이 많은데, 회사 인력 수급 문제에 신경을 빼앗기니 나머지 일에도 지장이 있습니다. 무슨 방법이 없나요?"

이 경영자만의 고민이 아니다. 많은 중소기업은 채용하기도 쉽지 않고, 그나마 채용한 인원을 유지하기도 어렵다. 한국산업기술진흥원 KIAT의 2020년 자료에 따르면, 최저임금 인상 등 처우 개선 노력에도 중소기업 인력난이 대기업에 비해 7배가량 높은 것으로 나타났다. 부족 인원 발생 사유 중 가장 큰 것은 '직무수행을 위한 자질, 근로조건에 맞는 인력이 부족해서'가 27.4%로 가장 높았다. '인력의 잦은 이직

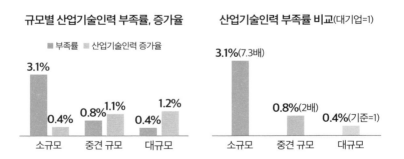

규모별 산업기술인력 부족률, 증가율

■ 부족률 ■ 산업기술인력 증가율

산업기술인력 부족률 비교(대기업=1)

자료: KIAT

이나 퇴직'이 23.3%로 뒤를 이었다.

이런 상황으로 인해 인력 공백이 발생하여 업무에 차질을 빚고, 기존 직원들의 업무가 가중된다. 급하게 빈자리를 메꾸려다 보면 부적합한 인원을 채용하기도 한다. 계속된 채용으로 관련 업무가 증가하고 비용이 낭비된다. 결국 이는 중소기업의 경쟁력을 약화시킨다.

하지만 하늘이 무너져도 솟아날 구멍이 있다고, 방법이 없는 것은 아니다. 자원이 부족해도 리더의 의지가 있다면 충분히 개선할 수 있다. 금전적 보상에 대해 잘 못 알고 있던 개념부터 하나씩 바꿔보자.

썩은 당근 먹으면 식중독 걸린다

직원들에게 동기부여를 하기 위해, 리더가 가장 쉽게 꺼내들 수 있는 것이 금전적 보상이다. 하지만 성과에 대한 금전적 보상, 승진 등이 떠올랐다면 잠시 접어두기 바란다. 성과를 낳는 도깨비 방망이라고 생각한 금전적 보상을 어설프게 휘두르면 부작용이 심각하기 때문이다. 부작용은 코브라 효과, 의도 상실 효과, 주의분산 효과라는 이름으로 나타난다.

코브라 효과 cobra effect

1800년대 영국이 인도를 통치하던 시절, 인도 델리에 코브라가 창궐했다. 영국 총독부는 코브라를 없애기 위해 코브라를 잡아오는 사람에게 포상금을 지급했다. 시행 초기에는 총독부 의도대로 길거리에 코브라의 수가 줄었다. 얼마 지나지 않아 이상한 현상이 발견됐다. 거리의 코브라는 눈에 띄게 사라졌는데 포상금은 계속 늘어났다. 원인을 알아보니 포상금을 받기 위해 사람들이 코브라를 사육한 것이다.

총독부는 결국 코브라 포획 포상금을 없앴다. 어떤 일이 벌어졌을까? 델리의 시민들은 포상금을 받을 수 없어 기르던 코브라를 모두 풀어버렸고 코브라는 이전보다 많아졌다. 문제 해결을 위한 정책이 역효과를 일으키는 현상을 '코브라 효과'라고 한다.

산업마다 기업마다 차이는 있다. 하지만 일반적으로 해외 영업 마케팅의 성과 측정 지표에는 매출액, 신규 거래처 수가 기준이 되고 세분화된 항목을 넣는다. 예를 들어 신규 바이어 수 증가에 대해 단기적 관점에서 금전적으로 보상한다고 해보자. 코브라 효과가 발생하여, 장기적 안목으로 굵직한 신규 바이어로부터 발주를 이끌어내는 작업에 소홀할 수 있다. 또한 단기 실적을 맞추기 위해 판매 할인율을 높이면 수익률을 떨어뜨릴 수도 있다. 기업은 수익률이 떨어지면 투자 여력이 약화되고 경영이 어려워지는 것은 순식간이다.

코브라 효과로 인해 창의적인 비윤리적 행동도 발생한다. 2008년 미국발 금융위기 때 있었던 일이다. 당시 대출 실적이 많을수록 은행 대출 직원들은 금전적 보상을 받도록 되어 있었다. 그들은 신청서를 어떻게 작성하고 어떤 서류를 챙겨야 심사를 통과할 수 있는지 정확히 알고 있었다. 실적을 올리기 위해 대출 브로커들에게 이 방법을 노출했고, 부실한 대출이 급격히 증가했다. 코브라 효과가 금융위기를 초래하는 데 큰 역할을 했다. 발생 즉시 드러나지 않기 때문에 코브라 효과는 부작용이 가장 심각하다.

의도 상실 효과 distraction effect

독일의 한 연구소에서 진행된 실험의 사례를 보자. 22개월 영아들을 대상으로 한 실험이다. 아이는 장남감을 가지고 놀고 있고, 한 여인이 책상에 앉아 편지를 쓰다가 펜을 떨어뜨린다. 펜을 주우려고 손을 뻗지만 손이 닿지 않는다. 아이들의 78%는 아장아장 걸어가 이 여인을 도와 펜을 주워준다. 펜, 종이, 집게 등을 떨어뜨려 아이들이 도와주는 것에 익숙해지도록 만들었다.

이후 실험을 위해, 아이들을 두 그룹으로 나눠 한쪽은 보상을 주지 않고, 다른 한쪽은 아이들이 좋아하는 소리가 나는 장난감을 보상으로 주었다. 그리고 나서 다시 물건을 떨어뜨렸다. 어떻게 됐을까? 처음부터 보상받지 않았던 아이들은 89%가 펜을 주워 주었다. 보상받았던 아이들은 53%만이 펜을 주워 주었다. 물질적으로 보상함으로써 도우려는 의지가 사라져 버렸다.

일본 연구자들은 보상과 끈기의 연관성을 밝혀냈다. 실험은 피실험자들을 보상 그룹과 무보상 그룹으로 나눠 세 단계로 진행됐다.

첫째 단계에서 보상 그룹에게는 5초 간격으로 스톱워치를 눌러 1,000분의 5초 이내 안에 버튼을 누를 때마다 2.20달러를 주었다. 무보상 그룹에게는 실험을 모두 마친 후 참가비로 일정 금액을 지급하겠다고 전했다.

두 번째 단계는 휴식 시간에 각 그룹이 연습하는 비율 차이를 관찰하는 것이었다. 보상 그룹과 무보상 그룹을 모두 신문과 잡지 등 읽을거리가 있는 휴게실에 넣었다. 어느 그룹이 휴식 시간에 연습을 더 많이 했을까? 무보상 그룹이 보상 그룹보다 2배나 더 많이 연습했다. 다음 휴식시간에는 4배 더 많이 연습했다. 언뜻 생각해보면 보상 그룹이 더 많이 연습했을 것 같지만 실상은 반대였다. 보상으로 인해 끈기가 사라진 것이다.

세 번째 단계는 휴식시간 후 두 그룹 모두에게 보상을 주지 않는 것이었다. 실험 중 자기공명장치로 실험 참가자들의 뇌를 스캔했다. 첫 스톱워치 실험에서는 두 그룹 모두 동기부여에 관련된 부분의 운동이 감지됐다. 두 번째 실험에서는 무보상 그룹만 운동이 감지됐다. 보상 그룹은 보상을 주지 않으므로써 동기부여 뇌의 움직임이 사라졌다.

두 실험뿐 아니라 동기부여 연구의 아버지라고 불리는 에드워드 데시와 리처드 라이언의 127개 연구 분석 등 여러 근거가 있다. 감시나 압박이 없는 상태에서 조직을 위해 일한다거나 도움이 필요한 동료를 돕는 행위나 끈기는 보상을 받게 되면 사라져버린다는 것이 증명되었다.

주의분산 효과 distraction effect

댄 애리얼리 듀크대학 행동경제학 교수는 IQ가 높은 MIT 학생들을 모아 글자를 많이 입력하면 금전적으로 높은 보상을 해주는 실험을 진행했다. A 그룹은 보상 최대치를 300%, B 그룹은 30%를 제공했다. A 그룹이 B 그룹에 비해 95%의 성과를 달성했다.

이번에는 12개의 칸에 적힌 숫자 중 합이 10이 되는 수 2개 찾는 과제를 제시했고, 동일한 보상을 제공했다. A 그룹 학생들이 B 그룹에 비해 성과가 32% 낮아졌다.

금전적 보상이 단순하고 기계적인 업무에는 효과가 있었다. 하지만 불안정하고 압박이 있는 환경에서, 복합적 사고를 요하는 업무에서는 금전적 보상이 방해가 된다는 것을 실험을 통해 입증됐다. 단기간의 단순 반복 업무가 아닌 복합적 사고와 적응력이 필요한 해외 영업 마케팅에는 사용하면 안 되는 것이 금전적 보상이다.

성과 창출에 대한 동기부여인 당근은 필요하다. 하지만 썩은 당근을 먹으면 식중독에 걸린다. 그렇다면 어떤 당근을 먹어야 할지 다음 핵심 패턴에서 살펴보자.

금전적 보상의 부작용 파악

스스로 전략을 짜고 실행하여 피드백하고 개선하는 영업 조직을 만들려면 현재 상황을 먼저 파악해야 한다.

1. 나의 조직에서 목격할 수 있는, 또는 발생할 수 있는 코브라 효과는 어떤 것이 있을지 적어보자.

_____

_____

_____

2. 나의 조직에서 목격할 수 있는, 또는 발생할 수 있는 의도 상실 효과는 어떤 것이 있을지 적어보자.

_____

_____

_____

3. 나의 조직에서 목격할 수 있는, 또는 발생할 수 있는 주의분산 효과는 어떤 것이 있을지 적어보자.

_____

_____

_____

매출 상승 핵심 패턴 25
성과 나는 동기부여
3종 세트

금전적 보상은 중장기적 성과에 영향을 미치지 못하거나 오히려 성과를 떨어뜨린다. 제대로 된 동기부여 방법을 알려면 동기의 종류부터 알아야 한다. 총동기ToMo, Total Motivation의 개념을 통해 어떤 동기가 있는지 먼저 알아보자.

총동기는 6개로 구성된다. 3개의 동기는 성과를 끌어올리고 3개는 성과를 떨어뜨린다. 성과가 나도록 하는 동기는 놀이play, 목적purpose, 가능성potential이다. 성과를 떨어뜨리는 동기는 정서적 압박emotional pressure, 경제적 압박economic pressure, 타성inertia이다.

성과 나는 동기 3종 세트

첫째, 놀이play 동기는 우리가 일 자체에서 느끼는 즐거움을 말한다. 일 자체에서 즐거움, 재미를 느끼면 그 일을 즐기기 때문에 한다. 일 자체가 즐거운 교사는 수업 계획 작성, 시험 채점, 학생 개개인의 문제를 해결해주는 교육의 핵심 활동을 즐긴다. 놀이는 우리 인간의 본능이며 호기심, 실험 그리고 도전적인 문제 탐구와 관련이 있다.

2500년 전에 공자는 "어떤 사실을 알기만 하는 사람은 좋아하는 사람만 못하고, 좋아하는 사람은 즐기는 사람만 못하다"라고 했다. 학문의 경지를 세 단계로 나누어 설명한 것이다. 우리가 일할 때 돈을 더 벌거나, 명예를 얻거나, 칭찬받을 목적이 아니라 그 자체가 즐거워서 하게 되면 최고의 동기부여가 된다는 진리를 2500년 전에 말했다.

둘째, 목적purpose 동기는 일의 직접적인 결과가 우리의 정체성과 연결될 때 발생한다. 그 일의 영향을 중요하게 생각하고 보람을 느끼기 때문에 하는 것이다. 예를 들어 교사는 학생을 교육하고 권한을 부여하여 전인적으로 성장하도록 돕는다. 그리고 거기서 의미와 보람을 찾는다.

전기차 부품을 해외 바이어에게 판다고 하면 탄소배출을 억제하여 기후변화에 대응하고 있으며, 인류와 지구를 살리는 일을 하고 있고 거기서 일의 의미와 보람을 찾을 수 있다. 화장품을 수출한다고 해보자. 세계인의 인체를 청결, 미화하여 매력을 더하고 용모를 밝게 변화시켜 그들의 자신감을 높이는 일을 하고 있는 것이다.

셋째, 가능성potential 동기는 일 자체의 1차적 결과가 아닌 2차적 결과와 연결된다. 교사는 자신의 일을 통해 더 높은 수준의 교육 전문가가 될 가능성이 있다. 이 맥락에서 발생하는 동기를 가능성 동기라고 한다. 해외 영업인이 더 높은 수준의 해외 사업 전문가가 되거나, 글로벌 협상 전문가가 될 수 있는 가능성을 보고 일을 할 때 발생하는 동기가 이에 해당된다.

이 3가지 동기는 일 자체이든, 1차적이든, 2차적이든 일 자체와 직결되기 때문에 직접동기라고 부른다. 성과에 순작용하는 직접동기에 의해 동기부여가 된 사람은 다양하고 창의적으로 업무 수준을 향상시킨다. 그러나 성과를 떨어뜨리는 동기 3종 세트는 업무 수준 향상을 가로막고 기업을 저성과의 늪에 빠뜨린다.

성과를 떨어뜨리는 동기 3종 세트

첫째, 정서적 압박은 외부의 어떤 힘이 우리의 정체성을 위협해서 일하게 되면 발생한다. 사랑하는 사람에게 무언가를 요구하기 위해 죄책감을 자극한 적이 있다면 정서적 압박을 가한 것이다. 두려움, 수치심, 동료 집단의 압박이라는 형태로 나타난다. 자신이나 다른 사람을 실망시키지 않기 위해 일할 때 정서적 압박에 따라 행동하는 것이다.

당신이 해외 영업을 맡고 있는 대리이고, 관련 부서 임원들이 당신의 인사권을 쥐고 있는 시스템이라고 해보자. 그들이 참석한 가운데,

당신의 기업에 방문한 바이어에게 회사 소개를 한다면 이때 당신은 정서적 압박을 느낄 수 있다.

둘째, **경제적 압박이다.** 이 또한 외부의 어떤 힘이 당신을 일하게 할 때 발생한다. 금전적 보상을 얻거나 처벌을 피하기 위해 일할 때 발생한다. 이 요소는 일 자체와는 상관이 없다. 우리의 정체성과도 상관이 없다. 대표적으로 프로젝트 실패 시 금전적 보상을 못 받게 될 때나, 안 좋은 인사평가를 받을 수 있을 때 경제적 압박이 발생한다.

셋째, **타성은 일 자체와 우리의 정체성에서 일하는 동기가 너무 멀리 떨어져, 일하는 이유를 알 수 없을 때 발생한다.** 전에 했기 때문에 지금도 하고 있는 일이라면 이 타성이라는 동기로 인해 일하는 것이다. 이는 악영향이 가장 큰 동기이다.

성과를 떨어뜨리는 동기 3종 세트인 정서적 압박, 경제적 압박, 타성은 일 자체와는 상관없이 외부의 힘이 일을 하는 간접적인 동기로 작용하는 것이다. 그래서 이들을 간접동기라고 부른다. 간접동기가 강하면 산만해지고, 일 자체 또는 일의 품질에 신경 쓸 수 없다.

총동기가 높은 고성과 기업

직접 동기 3가지와 간접 동기 3가지를 빠르게 살펴봤다. 우리가 느끼

항공사
고객 만족도 평가(0-100)

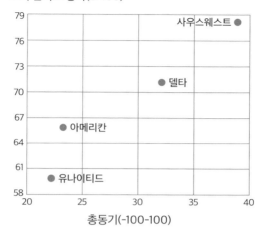

출처: 하버드 비즈니스 리뷰

는 즐거움, 목적, 가능성을 최대화하고 정서적 압박, 경제적 압박, 타성을 최소화하면 제대로 된 동기부여를 할 수 있다. 닐 도쉬와 린지 맥그리거는 미국 기업 직원들의 총동기 측정을 통해 고성과 기업과 그렇지 않은 기업의 차이를 분석했다.

미국의 4대 항공사 중, 사우스웨스트항공이 월등히 높은 총동기 수준을 보였다. 미국 최대 저비용 항공사인 사우스웨스트항공은 직원들에게 고객과의 커뮤니케이션을 놀이처럼 여기도록 권장한다.

대부분의 항공사에서 "항공법에 따라 기내 흡연이 금지돼 있습니다"라는 식의 딱딱한 내용의 안내방송이 나온다. 그러나 사우스웨스트항공의 기장은 다르게 말한다. 이런 식이다.

"흡연하실 분은 우측 비상구로 나가서서 항공기 날개 위에서 담배를 피우시면 됩니다. 흡연 중에 감상하실 영화는 '바람과 함께 사라지다'입니다."

착륙 과정에 충격이 생기면 이런 안내방송이 나온다.

"여러분, 방금 매우 강한 충격이 있었습니다. 이는 항공사의 책임도, 조종사나 승무원의 책임도 아닙니다. 오직 아스팔트 탓입니다."

코로나19로 인해, 세계에서 다섯 번째로 오래된 체코항공은 파산했다. 일본의 전일본공수ANA는 5조 원의 적자를 기록했다. 미국의 유나이티드항공은 코로나19로 인해 고용유지 지원이 종료되자, 3만 6,000명에게 해고를 통지했다. 델타항공은 기장과 부기장 2,000명을 감원했다. 그러나 사우스웨스트항공은 "우리에게 직원 해고는 없다"라고 천명했다. 코로나19 이후 창사 이래 처음 적자를 냈다. 하지만 일상적 거리두기가 해제된 지금은 주요 미국 항공사 중 처음으로 흑자를 내고 다시 날아오르고 있다.

현재 상태를 파악하기 위해 조직의 총동기지수를 측정해보자.

6개월 또는 1년 단위로 측정하여 성과 나는 동기부여가 되고 있는지 점검하자(더 밸류즈 가치연구소 양식 참고).

총동기 진단지

※ 6개 질문 각각 해당 문항의 점수에 가중치를 곱하세요.

질문	전혀 그렇지 않다					매우 그렇다		점수	가중치	계 (점수× 가중치)
	1	2	3	4	5	6	7			
내가 이 일을 하는 이유는 이 일의 즐거움을 느끼기 때문이다.									10	
내가 이 일을 하는 이유는 이 일이 중요한 의미가 있다고 생각하기 때문이다.									5	
내가 이 일을 하는 이유는 이 일이 개인적 목표를 성취하는 데 도움이 될 거라고 생각하기 때문이다.									2	
합계 (A)										
내가 이 일을 하는 이유는 내가 이 일을 하지 않으면 나 자신은 물론 내 주변의 가까운 사람들을 실망시키게 될 것이다.										
내가 이 일을 하는 이유는 이 일이 그만둔다면 경제적 문제가 생길 것 같아서다.										
내가 이 일을 하는데 특별한 이유는 없다 단지 하던 일이다.										
합계 (B)										
(A) - (B)										

출처 : 닐 도쉬 외《무엇이 성과를 이끄는가》총동기진단 재구성

PART 5

心동화:
심리 활용으로
매출 자동화

A라는 심리버튼을
누르면 B라는
행동을 한다

매출 상승 핵심 패턴 26
복면가왕은 바로오~

1920년대 독일의 붐비는 레스토랑 안이다. 여러 손님이 주문한 음식들과 술을 적지도 않고 정확히 기억해 실수 없이 내오는 베테랑 웨이터가 있었다. 이를 본 심리학자는 그의 기억력의 한계가 궁금했다. 음식을 냅킨으로 가리고는 그 웨이터를 다시 불러 어떤 메뉴를 가져다주었는지 물었다. 그는 전혀 기억하지 못했다. 심리학자는 완수한 일은 기억에서 사라지고 완수하지 못한 작업은 끝날 때까지 기억에 남는다는 가설을 세우고 다른 실험을 진행했다.

자이가르닉 효과

학생들을 두 그룹으로 나눠 문제를 풀게 했다. 한 그룹은 문제를 끝까지 풀게 하고, 다른 그룹은 문제를 푸는 중간에 멈추게 한 후 일정

시간이 지나 심리학자는 그들에게 어떤 문제를 풀었는지 물었다. 문제를 끝까지 푼 그룹은 43% 정도 기억했고, 문제를 끝까지 풀지 못한 그룹은 68% 정도 기억했다. 끝마치지 못한 일에 대해 저절로 주의를 기울이게 되는 현상을 이 심리학자의 이름을 따서 '자이가르닉 효과 Zeigarnik effect'라고 한다. 수행 중 완결되지 않은 일에 주의를 집중하는 현상이어서 '미완성 효과'라고도 불린다.

짝사랑을 오래 기억하는 것도 이 자이가르닉 효과 때문이고, 연인 사이에서 이별 통보를 받았을 때 미련을 갖는 경향이 더 높은 것도 이 때문이다. 반면에 이별 통보를 한 사람은 자신의 작업을 완결한 상태이기 때문에 미련을 갖지 않는 경향이 있다.

'오늘의 복면가왕은 바로오~'

54개국에 포맷을 수출한 MBC 예능 프로그램인 〈복면가왕〉의 한 장면이다. 10연승에 도전하는 '우리동네 음악대장'은 강력한 도전자 '하면 된다 백수 탈출'을 맞았다. 도전자와 현직 가왕은 열창을 했다. 최종 승자를 발표할 시간이다.

MC는 '오늘의 복면가왕은 바로오~ 바로오~'라고 하며 분위기를 한껏 고조시킨다. 갑자기 광고가 나오고 승부의 결말을 듣지 못한 시청자는 주의가 집중된 상태로 광고를 보게 된다. 드라마를 보다보면 '이제 어떻게 되는 걸까?' 하는 마음이 들 때쯤, 그 회차의 드라마가 끝난다. 짧은 이야기의 결론을 내지 않고 그 회차를 끝내게 하여 다음 회를 보게 만드는 방식으로 자이가르닉 효과를 사용한다.

해외 마케팅에 적용하기

이처럼 자이가르닉 효과는 사람들의 주의를 집중시키고 유지해야 하는 광고, 예능, 드라마 등에서 주의를 끌어당기는 자석으로 사용된다. 고객의 주의를 집중시켜야 하는 끌리는 메시지를 만들 때도 어김없이 사용된다. 블로그 글을 쓰거나 유튜브 영상을 만들 때, 콘텐츠의 맨 앞에 독자가 이 콘텐츠를 끝까지 보면 받을 이익을 제시하는 것도 그 이유이다. 예를 들면 잠재고객 확보가 필요한 독자에게 '이 글을 끝까지 읽으면 잠재고객을 1개월 이내에 2배로 확보하는 방법을 알 수 있습니다'라고 하며 이탈하지 않고 계속 보도록 끌어당기는 것이다.

책에서 보자면 한 챕터에서 다음 챕터로 넘어갈 때, 다음 챕터에서 알 수 있는 내용을 예고하기도 한다. 단순히 친절히 설명하는 역할을 넘어 다음 장을 읽게 하려는 장치이다. 《초전 설득》의 저자 로버트 치알디니는 미루는 습관을 미완성 효과로 극복하는 방법을 알려준다. 보고서를 쓰거나 책을 쓰다가 잠시 멈춰야 할 경우 해당 부분을 마무리하지 말고 중간에 멈추라고 한다. 완결되지 않은 과제를 끝내려는 압박을 스스로 만드는 방법이다.

웹툰에서 앞의 몇 편을 무료로 제공하여 읽게 하고, 다음 편부터는 결제해야 볼 수 있게 만들어 놓은 것도 이 원리를 활용한 것이다.

마동화 패턴에서 나온 이메일 마케팅에도 활용할 수 있다. 잠재고객이 받는 연속 이메일 중 하나에 비슷한 문제를 갖고 있는 고객의 문제와 문제를 방치했을 때 추가적으로 발생하는 악영향을 넣는다. 그리고는 어떻게 해결했는지는 다음 메일에서 알려주겠다고 할 수 있다. 다음 이메일을 열어보도록 장치를 만들어놓은 것이다.

같은 원리를 블로그 콘텐츠와 콘텐츠 사이에도 사용할 수도 있다. 여기서 주의할 점은 미완성 상태로 남겨야 한다고 해서 콘텐츠 하나에 정보를 부실하게 담으면 안 된다. 충분히 가치 있는 내용을 넣되 끝부분에 고객이 더욱 관심을 가질 만한 내용을 소개해서 다음 콘텐츠로 연결되도록 만들어야 한다.

그리고 구매 니즈 육성용 이메일 제목이나 콘텐츠 글 제목에 이런 식으로 사용할 수 있다.

"식품 포장 생산성을 올리기 위해서는 '이것'을 반드시 챙겨야 합니다."
"Z세대가 노는 곳 3위는 디스코드, 2위는 제페토, 그러면 1위는?"
"'이것' 모르고 절대로 아웃소싱 하지 마라."

자이가르닉 효과는 사용처가 매우 많은, 고객의 주의를 끌어당기는 자석이다. 해외 마케팅을 할 때 사용하여 고객을 끌어당기는 자석을 붙여놓자.

1. 자이가르닉 효과를 사용하여 콘텐츠의 제목을 만들어보자.

2. 자이가르닉 효과를 사용하여 구매 니즈 육성 이메일을 구상해보자.

매출 상승 핵심 패턴 27
처칠이 여기저기 붙이고
다닌 그것은?

미국의 심리학자 리처드 밀러Richard L. Miller 교수는 시카고의 한 공립 초등학교 5학년 학생들을 대상으로 흥미로운 실험을 했다. 학생을 두 그룹으로 나눠 반은 '너는 깔끔해'라고 쓰인 라벨을 붙이고, 나머지 반은 붙이지 않았다. 그리고 학생들이 바닥에 떨어진 쓰레기를 어떻게 하는지 관찰했다. 라벨을 붙인 학생 중 82%는 쓰레기를 주워 쓰레기통에 버렸다. 그리고 라벨을 붙이지 않은 학생 중 27%만 쓰레기를 주웠다.

이렇게 우리가 누군가에게 '당신은 이런 사람입니다'라고 인식시키면 인식시킨 대로 행동하는 현상을 가리켜 라벨링 효과Labeling effect라고 한다. 사람은 누군가에게 실망을 안겨주고 싶어 하지 않는 경향이 있다. 그래서 '나는 당신을 이렇게 생각하고 있다'라는 인식을 심어주면 반대되는 행동을 취하기가 쉽지 않다.

라벨링 효과를 긍정적으로 활용하기로 유명한 사람이 영국 수상 처칠이었다. 그는 실수를 하지 않았으면 하는 부하에게 "자네는 꼼꼼하게 일을 잘할 수 있을 것 같아서 항상 든든하네"라고 말했고, 대담하게 행동하길 바라는 부하에게는 "얼굴에 용기가 넘쳐 보이네"라고 말했다고 한다. 처칠은 이렇게 부하들에게 긍정적 의미의 라벨을 붙여 자기 생각대로 부하들을 움직일 수 있었다.

반면에 이 효과가 부정적으로 쓰일 경우에는 낙인 효과Stigma effect 라고 부른다. 범죄학에서 등장하는 용어로, 어떤 사람을 나쁜 사람으로 낙인찍으면 스스로를 나쁜 사람으로 인식하고 행동하는 현상을 말한다. 청소년기에 문제를 일으켜 처벌을 받은 사람이 주변의 시선을 의식하고 스스로를 문제아라고 의식하는 경우가 종종 있다.

낙인 효과를 경계하고, 라벨링 효과를 적극적으로 사용해야 한다. 조직 관리 차원에서도 세일즈 현장에서도 긍정적인 라벨링 효과를 활용할 때 이점이 많기 때문이다.

먼저 조직 관리 측면에서 보자면 처칠의 예와 같이 용기를 북돋고, 성과 내는 행동을 독려할 수 있다. 문제를 해결하고자 할 때 팀을 이루어 가능한 아이디어를 무작위로 제안하는 브레인스토밍 회의를 한다고 해보자. 평소에 묵묵히 맡은 일을 처리하던 A가 아이디어를 내면 "A씨는 책임 있게 맡은 일 처리를 잘하는 것은 알았는데, 참신한 아이디어도 잘 내는군요"라고 라벨을 붙여주는 것이다. 한 걸음 더 나아가 "와~ 우리 팀은 역시 최강이네요. 항상 성장하려고 애쓰니까요"

라고 하면 팀원 모두에게 라벨을 붙이게 된다. 오랜만에 책상 정리를 한 동료에게 'B 씨는 책상을 정말 깔끔하게 치워놓고 일하시는군요!'라는 식으로 라벨을 붙일 수도 있다.

두 번째는 세일즈 상황에서 활용하는 방법이다. 고객과 상담하다가 인상이 딱딱하게 굳어 있는 상대가 있다면 상대가 나에게 친절하면 좋지 않겠는가? 내가 원하는 방향으로 라벨을 붙여주자. "왠지 다른 사람들한테 친절하다는 말씀 많이 들을 것 같아요"라고 라벨을 붙여보자. 사람은 누구나 친절할 때가 있다.

'아시다시피'라는 라벨도 효과적으로 쓰인다. 우리가 B2B 영업을 할 때 상대가 경력이 길건 짧건, 그 사람은 그 일을 하며 돈을 벌고 있다. 스스로 프로페셔널이라는 인식을 갖고 있는 경우가 많다. 특히 경력이 길고 스스로의 일에 자신감 있는 사람에게 더 잘 먹힌다. 예를 들면 고객이 가격을 내려달라고 푸시하는 상황에서 이렇게 쓸 수 있다. "잘 아시다시피, 지금 상황에서 이 조건이면 최고입니다."

조직에서건 세일즈 현장에서건 긍정의 라벨을 붙이려면 그 사람에 대해 알아야 한다. 평소에 관심과 애정을 갖고 지켜보면 반드시 보인다. 우리와 함께 성장하는 동료이고 비즈니스 파트너들이다. 단순한 이익의 관점이 아닌 함께 성장한다는 생각을 가질 때, 어떤 긍정 라벨을 붙일지 쉽게 알 수 있다.

1. 동료가 개선되기를 바라는 부분이 있는가? 관찰을 통해 그 부분에 긍정 라벨을 붙여보자.

_____

_____

_____

_____

_____

2. 세일즈 상담 시 고객에게 어떤 긍정 라벨을 붙일 수 있을까?

_____

_____

_____

_____

_____

매출 상승 핵심 패턴 28
신용카드를
만들까? 말까?

사람이 무엇인가 결정할 때는 부담을 느낀다. 이때는 결정에 대한 부담을 덜어주어야 한다. 부담을 덜어주는 방법 중 하나로 NLP^{Neuro} Linguistic Programing(신경언어 프로그래밍)에서 사용하는 더블 바인드^{double bind}(이중 구속)라는 기법이 있다.

아메리카노 or 카푸치노

누군가와 커피를 한잔 하고 싶을 때 "커피 한잔 하실래요?"라고 질문해서 상대가 커피를 마실 것인지 아닌지를 결정하게 만드는 것이 아니라 "커피 한잔하며 이야기하고 싶은데, 아메리카노가 좋으세요? 아니면 카푸치노가 좋으세요?"처럼 1차 의미(커피를 마실 것인지, 말 것인지)에 대해서는 당연히 '그렇다'고 답하는 것을 전제로 하고, 2차 의미

(아메리카노 또는 카푸치노?)에만 답하면 되도록 구조를 설정하는 것이다.

고깃집에서도 주문받는 사람이 "주문하시겠어요?"라고 하면 손님은 '뭐 먹을까?'부터 생각한다. 매출을 신경 쓰고 손님이 빨리 결정하도록 돕는 사람은 "오늘 등심이 끝내주는데, 뭘로 드릴까요?"라고 제시해 손님이 쉽게 결정하도록 도와준다.

휴대전화 매장에서도 흔히 발견할 수 있다. 사람들은 속도가 느려지거나, 저장 공간이 부족하거나, 더 나은 화질의 사진이 필요하다는 등 여러 가지 이유로 휴대전화를 바꾼다. 하지만 요즘은 아예 사용하지 못할 때까지 휴대전화를 쓰는 경우는 드물다. 가격이나 알아볼까 하고 휴대전화 매장을 찾았던 사람이 휴대전화는 물론 2년 약정 신용카드도 만들고 심지어 인터넷 상품까지 결제하게 되는데, 더블 바인드 기법을 장착한 판매자를 만나면 그런 일이 벌어진다.

판매자는 처음부터 손님이 '휴대전화를 살까, 말까?'를 고민하게 하지 않는다. 카드를 만들면 적립되는 포인트로 휴대전화를 30만 원가량 싸게 살 수 있다고 제안하여 '카드를 만들까, 말까?'를 생각하게 만든다. 나아가 집에서 사용하는 인터넷 상품에 대한 이익 30만 원을 추가로 제시하여 '인터넷 상품을 바꿀까, 말까?'로 생각을 이동시켜버린다. 판매자는 단계별 이익 제시와 더블 바인드 기법으로 1차로 휴대전화를 사는 것 자체에 대한 부담을 덜어주었다. 2차로 신용카드를 만드는 것에 대한 부담까지 덜어주었다.

검은색 차를 살까, 흰색 차를 살까?

"'차를 살까, 말까' 고민하게 하지 말고, '검은색 차를 살까, 흰색 차를 살까?'를 고민하게 하라."

12년 연속 기네스북에 자동차 판매왕으로 등록된 기록을 가진 미국의 자동차 판매왕 조 지라드Joe Girard의 말이다. 고객이 차를 사는 것은 당연한 것으로 전제하고, 어떤 차를 살지를 고민하게 하라는 것이다. 판매 분야에 있는 대부분의 고수는 '고객 중심 사고'를 강조한다. 자신의 상품을 잘 파는 방법은 고객이 받을 수 있는 최대의 이익을 받아들이기 편하게 제시하는 것이다.

B2B 세일즈나 협상에서도 얼마든지 사용할 수 있는 방법이다. 고객 기업에 부품을 납품하고 싶다고 치자. 더블 바인드를 모르는 영업인은 "귀사에 저희 제품을 납품할 수 있을까요?"라고 고객이 '받을까, 말까?'를 생각하게 한다. 반면에 더블 바인드 기법을 장착한 영업인은 "A 모델은 납기가 한 달 반에 정상 가격이고, B 모델은 납기가 한 달에 가격 할인이 들어갑니다. 뭘로 하시겠어요?" 두 가지 옵션을 만들어 선택을 쉽게 할 수 있도록 고민점을 이동시킨다.

고객에게 줄 수 있는 가치가 단지 눈에 보이는 금전적인 것뿐이라면 영업인이 할 수 있는 일은 매우 한정적일 것이다. 고객이 선택에 대한 부담을 줄이고, 더 가치 있는 결정을 할 수 있는 스킬을 사용해 선택을 빨리할 수 있도록 돕는 것도 영업인이 만들어낼 수 있는 큰 가치이다. 고객이 우리 상품을 사는 것은 고객에게 이익이 되기 때문이다. 고객에게 이익을 주고 또 주고 더 주겠다고 생각하면 사고의 폭이 넓어진다. 자신이 제공할 수 있는 상품을 하나씩 검토해보자. 분명히 더 줄 수 있는 것이 있다.

매출 상승 핵심 패턴 28 실천하기

1. 당신의 상품에 추가로 제공할 수 있는 옵션은 무엇이 있는가?

2. 상품의 어떤 이익을 더욱 부각시켜 보여줄 수 있는가?

3. 옵션이나 이익을 더블 바인드 기법을 적용해 적어보자.

매출 상승 핵심 패턴 29
팔리지 않는 효자 상품

미끼 효과^{decoy effect}란 두 가지 선택지가 있을 때 매력이 떨어지는 제3의 선택지를 제시하면, 한 선택지를 쉽게 결정하는 심리적 현상을 말한다. 미국 MIT의 댄 애리얼리 교수는 이 효과를 이용해 선택 실험을 진행했다. 경영학을 전공한 학생들에게 〈이코노미스트〉를 구독 방식에 따라 가격을 다르게 책정하여 정기구독하게 한 후 다음의 선택지중 하나를 선택하게 했다.

1번 실험

1. 온라인판: 59달러
2. 인쇄판: 125달러
3. 인쇄판＋온라인판: 125달러

1번 실험의 경우 84%가 동시 구독인 3번을 선택하고, 16%가 온라인판을 선택했다. 다른 학생들을 상대로 한 추가 실험에서 선택지를 다음과 같이 변경했다.

2번 실험

1. 온라인판: 59달러
2. 인쇄판+온라인판: 125달러

2번 실험의 경우 34%가 2번인 동시 구독을 선택하고, 66%가 1번을 선택했다. 1번 실험에서 '인쇄판 125달러'는 동시 구독 선택지를 매력적으로 보이게 만든 들러리였다. 들러리를 내세워 온라인판이 무료로 제공됨을 알 수 있게 했다.

중간의 마법

정보의 비대칭이 존재하는 시장 즉 구매자가 판매자보다 품질을 가늠할 척도가 없거나 적고, 동종 제품의 가격도 비교하기 어려운 상황에서 중간 가격의 마법이 발생한다. 이때 구매자는 참고할 기준점을 판매자가 제시한 옵션에서 찾는다. 예를 들어 레스토랑의 와인 리스트에 상, 중, 하 3개의 가격대가 있다고 가정해보자. 낮은 가격대의 와인은 품질이 낮을 것 같고, 높은 가격대의 와인은 과소비일 것 같아 대부분 자연스럽게 중간 가격대의 와인을 선택한다. 중간 가격대를 선택하는 것은 제한된 정보하에서 최대한 안전한 결정을 내리고자 하는 합리적인 소비 행위라고 여겨진다.

《가격은 없다》의 저자 윌리엄 파운드스톤은 맥주 판매 가격으로 3가지 실험을 했다. 일반 맥주(1.80달러)와 프리미엄 맥주(2.50달러)를 기준으로 중간 가격대를 선택하도록 들러리 옵션을 하나 추가하는 실험이었다.

1번 실험

일반 맥주(1.80 달러)와 프리미엄 맥주(2.50달러) 2개의 옵션이 있다. 이때 일반 맥주를 선택한 사람은 20%였고, 프리미엄 맥주를 선택한 사람은 80%였다.

2번 실험

저렴한 맥주(1.60달러)와 일반 맥주(1.80달러) 그리고 프리미엄 맥주(2.50달러)로 저렴한 맥주 옵션을 추가했다. 이때는 80%가 일반 맥주를 선택했고, 20%가 프리미엄 맥주를 선택했다.

3번 실험

일반 맥주(1.80달러)와 프리미엄 맥주(2.50달러)에 최고급 맥주(3.40달러)를 추가했다. 최고급 맥주를 추가했을 때의 판매량은 일반 맥주 5%, 프리미엄 맥주 85%, 최고급 맥주 10%였다.

이른바 효자 상품이라고 하면, 많이 팔리거나 수익률이 높은 상품을 말한다. 하지만 미끼 효과를 사용할 때는 팔고자 하는 상품이 더 매력적으로 보이도록 들러리 옵션을 만든다. 팔리지 않을 상품을 효자 상품으로 만드는 것이다.

이러한 원리를 해외 영업을 할 때 상품 가격 책정에도 적용할 수 있다. 동일한 품목군 내에서 세계의 많은 경쟁자도 갖고 있는 비슷한 디자인이 있어 거의 표준화된 부분이 있다. 이런 제품은 서로 가격을 내리는 가격 경쟁에 들어간다. 프리미엄 디자인과 최고급 디자인을 만들어보자. 내가 직접 판매했던 노하우가 컨설팅을 진행한 여러 기업에서 아직도 사용되고 있어 구체적인 내용을 밝힐 수는 없지만, B2B 해외 영업에서 판매를 진전시키는 데 상당한 도움이 된다.

1. 시장에서 경쟁이 치열한 상품군은 어떤 상품인가?

_____

_____

_____

_____

_____

2. 이 상품의 들러리 상품을 어떻게 구성해볼 수 있을까?

_____

_____

_____

_____

_____

매출 상승 핵심 패턴 30
의외로 모르는
감사실천의 효과

B2B 해외 영업을 하다 보면 다양한 스트레스 상황에서 개인과 조직이 스스로 감정을 조절하고 이성적인 판단을 내려야 한다. 계획했던 대로 매출이 오르지 않을 수도 있고, 어이없는 실수로 일을 그르치는 경우도 있으며, 심지어 자연재해가 발생해 손해를 보는 경우도 있다. 조직 구성원 간 갈등이 생겨 문제가 되는 경우도 있다. 상황에 매몰되어 감정적이 되거나 부정적인 생각에 휩싸이게 되면 해결 아이디어를 떠올리기도 어렵고 복잡한 상황을 극복하기도 힘들다.

의외로 모르는 감사 실천의 효과들

개인과 조직의 긍정적인 정서를 유지하고 성과를 높이는 가장 간단한 방법 중 하나로 감사하기를 추천한다. 심리학자 로버트 에먼스에 따르면 감사하기를 실천하면 기본적인 2가지 효과를 볼 수 있다.

첫째, 우리가 감사할 때 세상에 좋은 것이 있다는 긍정적인 정서를 갖는다는 것이다. 세상 모든 것이 좋다는 뜻이 아니라, 삶을 크게 볼 때 그 속에 좋은 것이 있음을 발견한다는 의미이다. 우리는 가진 것에 쉽게 익숙해진다. 새 집, 새 차, 회사의 복지, 성공 상여, 새로운 거래처 등을 가졌다면, 얼마 못 가 참신성이 떨어지고 정서적으로 가치를 느끼지 못한다. 감사하기를 통해 가치를 표현하면 당연시했던 것들을 새롭게 발견할 수 있다. 그리고 만족감을 끌어올릴 수 있다.

둘째, 우리가 감사할 때 삶의 좋은 것들이 어디로부터 왔는지 출처를 파악할 수 있다. 감사하기는 우리가 무엇인가를 성취하는 과정에서 여러 단계를 거쳐 다른 사람이나 다른 존재로부터 많은 선물을 받았음을 인정하는 행위이다.

의식적 감사하기는 이러한 정서적 이점뿐만 아니라 목적 의식과 성취 동기도 강화한다. 미국의 한 연구진은 참가자들에게 10주간 달성하고 싶은 6가지 개인적인 목표(학업, 영성, 사회성, 체중 감량에 관련된 목표 등)를 설정시켰다. 피관찰자를 두 그룹으로 나누어 한 그룹은 감사할 것 5개를 주 1회 적게 했더니 이들의 목표 달성률은 다른 그룹에 비해 20%나 높았다. 더불어 실험 후에도 목표를 향해 지속적으로 노력한다고 보고됐다.

뇌를 포함한 모든 신경계에 대해 연구하는 신경과학자 글렌 폭스는 뇌과학 측면에서 감사 정서가 어떻게 몸에 작용하는지 실험을 통해 입증했다. 피실험자에게 감사 정서를 느끼도록 설정하고 자기공명영상fMRI으로 뇌 활동을 측정했다.

피실험자가 감사 정서를 느낄 때 뇌 내측 전전두엽피질의 특정 부분이 활성화되었다. 이 부분은 사회 활동에서 즐거움을 경험할 때 활성화되는 영역의 일부이다. 또한 스트레스 해소와 통증 경감과도 연관성이 있다. 즉 감사 정서는 사회적 유대감을 증진시키고 및 스트레스와 통증 완화에 영향을 미친다.

감사하는 조직 문화

미국의 전설적인 투자가 존 템플턴은 세계의 영적 성장을 돕기 위해 존 템플턴 재단을 설립하여 종교계의 노벨상이라고 불리는 존 템플턴 상을 수여하고 관련 분야의 연구를 지원한다. 존 템플턴 재단은 미국인 2,000명을 대상으로 감사와 관련한 설문조사를 시행했다.

설문조사에서 사람들이 가장 감사를 덜 느끼고, 덜 표현하는 곳이 직장임이 드러났다. 조사 당일에도 감사하기를 실행한 사람은 10%에 지나지 않았다. 하지만 역설적으로 대부분의 응답자는 동료에게 감사인사를 하면 스스로 더 행복과 보람을 느낀다고 답했다.

심리학자 애덤 그랜트와 프란체스카 지노는 실험을 통해 상사로부터 감사 인사를 받았을 때 자기 효능감이 높아졌음을 발견했다. 감사일기를 통해 개인과 조직의 자기 효능감이 높아지면 신뢰가 쌓이고 서로 도와줄 가능성이 커졌다.

과학적인 연구를 통해 보았듯이 감사하기를 실천하면 정서적 안정감과 성취동기 향상, 사회적 유대감과 건강 증진 등 개인과 조직에 여러 긍정적인 효과가 있다.

다음은 개인적으로 쓴 감사일지의 일부이다. 기본적으로 플래너 한편에 쓰고, 자신의 이메일 계정으로 보내거나, SNS에 써놓기도 한다.

- 오늘도 빛나는 하루가 시작되어 감사합니다.
- 어제 ○○○대표님의 위기 극복 스토리를 직접 들을 기회가 있었습니다. 감사합니다.
- 푹 잘 수 있어서 감사합니다.
- 출근길 딱딱 맞는 환승 타이밍으로 일찍 도착할 수 있어 감사합니다.
- 직원 ○○○이 본인의 장점을 살려 프로젝트 보완에 대한 의견을 제시했습니다. 감사합니다.
- 골목길에 서 있던 바이크를 넘어뜨렸으나 다친 사람은 없었습니다. 감사합니다.
- ○○○ 대표를 잘 도울 수 있어 감사합니다.

정말 아무것도 아닌 것 같은 하루가 시작된 것부터 직원이 스스로 프로젝트 보완에 대해 의견을 제시한 일 그리고 존경하는 분에게 직접 위기 극복 스토리를 들은 일, 심지어 교통사고가 났으나 다친 사람이 없음에도 감사를 표현했다.

　감사일지를 쓰고 훑어보며 자신뿐 아니라 조직 구성원에게도 긍정적 정서를 강화할 수 있다. 미처 생각하지 못했던 선물과 같은 일들이 도처에 있음을 발견할 수 있다.

매출 상승 핵심 패턴 30 실천하기

자신이 사용하는 플래너에 하루 5가지 감사한 일을 적어보자.
감사하는 사람에게 감사할 일이 생긴다. 습관을 들이기 위해 최소 21일을 유지하자.

클릭을 부르는
영문 이메일 제목 리스트

1. **The _____ expert promises to fix your _____ completely.**

   [분야] 전문가가 당신의 [문제]를 완전히 해결합니다.

   예 The manufacturing expert promises to fix your low productivity completely.
   제조 전문가가 당신의 낮은 생산성을 완전히 해결합니다.

2. **The _____ way to _____**

   [문제 해결]하는 [쉬운, 빠른] 방법

   예 The easy way to develop new products.
   신제품을 개발하는 쉬운 방법

3. The secret to _____ in _____

[기간] 안에 [문제 해결]하는 비결

예 The secret to sucessful planning new products In Just 7 days
7일 안에 신제품을 기획하는 비결

4. Stop _____ and start _____

[반복되는 문제]를 멈추고 [문제 해결]하기 시작하세요.

예 Stop wasting on your time and start making new products.
시간 낭비를 멈추고 신제품을 만드세요.

5. Free _____ shows you how to _____ in just _____...

무료 [자료]로 당신은 [기간] 만에 [문제 해결]할 수 있습니다.

예 Free report shows you how to find your right suppliers just a week.
무료 보고서로 당신은 5일 만에 적합한 공급자를 찾을 수 있습니다.

6. How to quickly & easily _____

쉽고 빠르게 [문제 해결]하는 방법

예 How to quickly & easily develop new containers
쉽고 빠르게 새로운 용기를 개발하는 방법

7. The 5 ways to _____ even if

비록 [문제 상황]이어도 [해결 상황]되는 5가지 방법

CII The 5 ways to be sucessful even if you're a newbie.
초보자여도 성공하는 5가지 방법

8. They laughed when _____ - but when i _____!

제가 ~할 때 그들은 웃었습니다. - 하지만 제가 ~하기 시작했을 때!

CII They laughed when i stood in front of them - but when i started to show my product!
제가 그들 앞에 섰을 때 그들은 웃었습니다. 하지만 제가 제품을 보여주기 시작했을 때!

9. The lazy _____'s way to _____

게으른 [타깃의 직업]가 ~하는 방법

CII The lazy designer's way to successes
게으른 디자이너가 성공하는 방법

10. Do you recognize the _____ warning sings of _____?

[타깃의 문제가 나타나는 상황]을 알고 있나요?

- -

예 Do you recognize the 5 early warning signs of sales dropping?
매출 하락의 5가지 조기 경보 사인을 알고 있나요?

11. _____ like _____

[타깃의 일]은 [이상적인 것, 상황]을 좋아합니다.

- -

예 Developing new products like an a-list manufacturer.
신제품 개발하기는 최상급 제조자를 좋아합니다.

12. 5 Common _____ problems - which ones do you want to overcome?

5가지 일반적인 [타깃과 관련된 업무]의 문제 - 어떤 것을 해결하고 싶나요?

- -

예 5 Common quality problems - which ones do you want to overcome?
5가지 일반적인 품질 문제-어떤 것을 해결하고 싶나요?

13. See how easily you can _____.

~하기가 얼마나 쉬운지 보세요.

예 See how easily you can lower your TCO.
총비용(Total Cost of Ownership)을 낮추기가 얼마나 쉬운지 보세요.

14. The ugly truth about _____

~해 대한 추한 진실

예 The ugly truth about weight-loss supplements
건강 보조제에 관한 추한 진실

15. What everybody who _____ should know⋯ (hint – the _____ will never tell you this)

~하는 모두가 알아야 할 ⋯(힌트-○○○은 당신에게 이것을 절대 말하지 않을 것입니다)

예 What everybody who suffers from low quality should know⋯ (hint - manufacturers will never tell you this)
낮은 품질에 괴로운 사람 모두가 알아야 할⋯(힌트-제조사는 이것을 절대 말하지 않을 것입니다.)

삭제를 부르는
영문 이메일 체크 리스트

여기서 말하는 이메일은 아직 거래 경험이 없는 바이어를 대상으로
한다. 그리고 기존에 거래 경험이 있어도 연락이 뜸하거나 새로운 제
품을 제안할 때 사용하는 이메일을 말한다. B2B 해외 영업인 판매 진
전이라는 목적을 달성하기 위해 다음의 사항을 주의해 이메일을 보내
기를 바란다.

1. 정확한 수신자 이름을 명시하라.

수신자의 이름을 모를 때 사용하는 Dear Sir or Madam(담당자분께)
이라든지 To Whom It May Concern(관계자분께)는 아무리 찾아도
도저히 알 수 없을 때만 써야 한다. 하지만 그럴 경우는 별로 없다. 개
척 영업한다고 회사의 대표 이메일로 성의 없이 대량 발송하는 메일
이 아니라면 반드시 이름을 명시한다.

2. 사기성 제목을 사용하지 마라.

주의를 끌기 위해 회신 이메일을 의미하는 "Re:"를 이메일 제목 앞머리에 붙이면 신뢰를 잃을 수 있다.

3. 본문을 200단어 이내로 유지하라.

우리가 그렇듯 바이어도 많은 이메일을 받는다. 길게 늘어진 이메일보다 짧게 핵심을 이야기한 이메일이 읽기 쉽고, 읽기 쉬우면 회신율이 올라간다.

4. 문단을 나눠 가독성을 높여라.

본문을 빽빽한 덩어리 글로 만들지 말고, 빨리 잘 읽히도록 1~2문장 단위로 문단을 나누어 가독성을 높인다.

5. 바이어가 얻을 혜택에 대해 이야기하라.

짧은 본문 안에 상품의 모든 것을 우겨 넣으려 하지 마라. 잠재고객이 갖고 있는 문제점을 이야기하고, 상품을 사용함으로써 바이어가 문제를 어떻게 해결할 수 있는 지 이야기하라.

6. 너무 친한 척하지 마라.

처음 연락하는 사람에게는 간단한 인사를 하고 바로 본론으로 들어간다. 인사를 길게 해서 너무 친한 척하면 거부감이 생긴다.

7. 철자와 문법을 확인하라.

우리를 처음 만나는 얼굴과 같은 이메일이다. 틀린 철자와 문법은 신뢰를 떨어뜨린다.

8. 이메일 서명에 당신이 누구인지 분명히 밝혀라.

이름, 회사명, 직책, 주소, 전화번호, 이메일 주소를 넣는다.

9. 첨부파일을 넣지 마라.

파일을 첨부하면 스팸 이메일로 분류될 가능성이 크다. 필요하면 본문에 링크를 1개만 넣는다. 링크가 많아도 스팸 이메일로 분류되기 쉽다.

10. 보낸사람 이메일 주소는 당신의 이름으로 만들어라.

회사명으로 된 이메일 주소(abccompay@abccompany.com)나 info@abccompany.com와 같은 주소는 광고로 여겨져 이메일을 열어보지 않고 휴지통으로 보낼 수 있다.

11. 첫 이메일을 보내고 회신이 없으면, 다른 시간대에 후속 이메일을 보내라.

먼저 보낸 이메일이 스팸 메일로 분류될 수 있다. 시간대를 바꿔 후속 이메일을 보낸다.

돈이 되는
영문 세일즈 멘트

비즈니스 영어, 무역 영어라고 하면 일반적으로 해당 산업 전문용어를 사용한 정중한 표현을 말한다. 그렇다면 전문용어만 사용하면 될까? 정중하기만 하면 될까? 남들도 다 그렇게 하는데?

그것만으로는 부족하다. 바이어와 상담할 때는 이성의 장벽을 우회하는 언어를 사용하여 고객의 잠재의식에까지 영향을 미치고, 우리 상품을 선택하도록 만들어야 한다.

나폴레옹은 "우리는 단어로 사람들을 지배한다"라고 이야기했다. 우리가 일상에서 늘 접하는 광고 속에도 이 원리가 숨어 있다. 해외 영업 상담, 제안 프레젠테이션을 할 때 사용해 효과를 본 것 중 사용빈도가 높았던 영문 세일즈 필수 문장을 정리했다. 문장의 의도를 이해하고 자신의 상품에 맞게 변형하길 바란다.

1. **Why do you want this product**(왜 이 제품을 원하시나요)**?**

고객이 제품에 대해서 알아보고자 제품 소개를 요청할 때 사용한다. 해외 영업 시 흔히 하는 실수가 고객이 왜 우리의 제품을 원하는지 묻지 않는 것이다. 고객이 관심을 보였으니 잘 설명해서 팔려고만 한다. 우리의 상품이 필요한 이유가 무엇인지 먼저 확인하고, 그 이유에 맞게 상담하면 구매 진행율이 올라간다.

　이 질문을 하면 고객은 신선한 느낌을 갖는다. 대부분 설명하며 밀어붙여 팔려고만 하기 때문이다. 제품이 필요한 이유를 묻는 것만으로도 많은 정보를 얻을 수 있다. 그리고 고객은 이 질문에 답하면서, 제품이 필요한 이유를 떠올리며 스스로를 설득한다.

2. **Does your business really need this powerful product**(고객님의 사업에 이렇게 강력한 제품이 정말로 필요하신가요)**?**

상담 초반에 사용한다. 제품을 파는 것보다 고객의 의견을 듣는 것에 중점을 두는 뉘앙스이다. 고객이 스스로의 상황과 사야 하는 이유를 더 자세히 설명하도록 유도한다. 당신이 이 질문을 한다면 구매자가 자신이 왜 사야 하는지 정당성을 어필하는 것을 목격할 것이다.

3. **We're talking about the performance of our new product, and you can remember the articles I emailed you, and you can get very excited about what it can do for you**(우리는 신제품에 대해 이야기하는 중이고, 고객님은 제가 이메일로 보낸 자료들을 기억하고

계시지요. 그리고 이 제품이 고객님을 위해서 할 수 있는 것에 대해 무척 흥미로우실 것입니다).

'우리는 신제품에 대해 이야기하는 중', '이메일로 보낸 자료들을 기억하고 있다'는 두 문장은 고객이 'Yes'라고 생각하거나 말하도록 유도하는 문장이다. 상담 시 상대가 Yes라고 인정할 수밖에 없는 진술을 먼저 2~3개 이야기하라. 그다음, 우리가 뒤에 인식시키고 싶은 진술을 놓는다. 세 문장을 and로 연결함으로써 의식의 흐름이 자연스럽게 Yes로 이어지도록 만든다.

4. **You do like to cut costs, don't you**(고객님은 비용을 절감하는 것을 좋아하시지요. 그렇지 않나요)**?**

부가의문으로 Yes를 끌어내는 방법이다. No라고 답할 수 없는 일반적인 사실을 말하며 부가의문으로 질문하면 자동으로 Yes라고 말한다. 상담할 때 상대가 Yes라고 많이 생각하게 하거나 말하게 할수록 판매 성사율이 올라간다.

5. **Now, let's take a deeper look here at the 3 benefits of our product**(이제, 여기 저희 제품의 3가지 혜택에 대해 자세히 살펴봅시다).

프레젠테이션을 할 때 고객의 집중력이 흐트러질 때가 있다. 우리의 상품을 구매하면 고객이 받을 혜택과 같이 중요한 부분을 이야기할 때 집중력이 흐트러지면 판매 진척이 어려워진다. 순간적으로 집중력을 끌어올리는 단어인 now와 here를 사용하면 느슨해진 집중력을 끌어올릴 수 있다. 상담과 제품 프레젠테이션을 할 때 중요한 부분을 말하기 전에 넣어준다.

6. **You'll see that your team break the sales record if you, Jennifer, use this raw material**(이 원료를 사용한다면 제니퍼, 당신이 판매 기록을 깨는 걸 보게 될 것입니다).

상대방의 이름을 부르면 순간적으로 주의가 집중된다. 그 뒤에 상대방이 하기를 원하는 행동을 넣어주면 은연중에 그 의미가 새겨진다. 우리로부터 '사세요'라고 강요당하는 느낌이 아닌 '사는 것은 당연한 것'이라고 잠재의식에 심어 놓는 방법이다.

7. **Now, let's go into the future**(이제, 미래로 가봅시다).

우리의 상품을 사용했을 때 예상되는 긍정적인 결과를 상상하게 만들 때 사용한다. 우리가 세일즈하는 제품을 사용 후 기대되는 효과를 말하기 전에 이 문장을 넣는다. 긍정적인 결과에서 추가로 발생하는 희망적인 미래를 거부하기는 쉽지 않다.

8. **Let's talk comfortably**(편안하게 이야기하시지요).

코끼리를 생각하지 마라. 덩치가 크고 코가 긴 그 코끼리를 떠올리지 마라. 어떤가? 코끼리를 생각하지 말라는 말을 들으면 코끼리가 자연스럽게 떠오른다. 고객이 편안하게 자신의 정보나 의견을 말하게 하고 싶으면, '걱정하지 말라'거나 '부담 갖지 말라'고 하지 말고 그저 '편하게' 말하자고 하면 된다.

9. **Do you want something special or something common**(특별한 걸 원하시나요? 평범한 걸 원하시나요)**?**

고객이 살까 말까 생각하게 하지 말고, 우리의 상품 중 어느 것을 사게할지 생각하게 하자. 경쟁이 치열한 상품은 '평범하다'라고 생각하도록 만든 후, 우리가 판매하기를 원하는 상품은 '특별하다'는 프레임을만들 때 사용한다.

10. **Once you think of another thing I can help you, do you promise me you'll contact me**(제가 다른 도울 일이 있을 때, 바로 연락주시겠다고 약속하실 수 있지요)**?**

우리의 상품을 이미 구매한 고객에게 사용하는 문장이다. 고객이 상품을 처음 구매한 것은 거래의 시작일 뿐이다. 우리가 공급하는 다른제품에 대한 추가 수요가 있을 때 경쟁자에게 가지 않고, 우리에게 오도록 만드는 작업이 필요하다. 사람은 일반적으로 약속하면 지켜야한다고 생각한다. 그 뒤에 있을 추가 구매를 염두에 두고 질문하여 답을 받아 놓는다.

"미친 아이디어라도 좋으니, 어떻게 하면 해외 매출을 올릴 수 있을
지 편하게 이야기해볼까요?"

해외 매출을 올리기 위한 아이디어 브레인스토밍을 할 때 가끔 하
는 말이다. 그러고는 이런 미친 아이디어도 괜찮다고 이야기한다.

"우리 제품 좋으니 사달라고 한글로 혈서를 써서, 일반 국제우편으
로 발송한다. 이런 것도 상관없어요. 일단 생각나는 대로 얘기해봅시
다. 진짜 엉뚱한 아이디어를 내도 물거나 해치지 않을게요!"

마크 고울스톤이라는 미국 심리학자의 '불가능 질문 전략'과 유머
코드를 응용한 것이다. 상대를 방어적, 폐쇄적, 이기적 자세에서 빠져
나와 개방적이고 해결책을 찾아보는 자세로 전환하는 방법이다. 불가
능 질문 전략을 활용해 나온 아이디어들 중 당장 해볼 만한 것들을 하
나씩 실행하고 발전시켰다.

예를 들면 잠재 바이어에게 일일이 보내던 거래 제안 이메일을 개
인화하여 대량 발송하는 등이다. 개인화된 신규 거래 제안 메일은 하
루에 보낼 수 있는 수에 한계가 있었다. 일주일 걸려도 끝나지 않던
일을, 방법을 찾아 반나절 만에 끝낼 수 있었다. 그리고 내용을 텍스

트만으로도 구성해보고 이미지만으로도 만들어보았다. 끌리는 메시지를 이렇게 바꾸고 저렇게 고치며 오픈율과 회신율을 높여갔다. 이런 식으로 하나씩 만들어갔다.

기획부터 실행을 거쳐 마무리하고 또 새로운 거래를 만들어내는 과정에 있는 우리 해외 영업인은 바쁘다. 바쁜 사람 붙잡고 어렵고 복잡하게 얘기하면, 귀에 안 들어온다. 빨리 이해하고 실천해서 매출 상승효과를 보기 바라는 마음에, 경험을 토대로 최대한 쉽게 쓰려고 노력했다.

작은 기업이 해외 영업을 시작하고자 할 때, 해외 매출을 성장시키고자 할 때 꼭 필요한 5가지 메시지를 제시했다.

첫째, 끌리는 메시지로 바이어가 이끌려오게 하라.
둘째, 이끌려온 바이어가 스스로 설득되게 말하라.
셋째, 작게 시작해서 비용 효과적으로 마케팅하라.
넷째, 팀원이 일 자체를 즐기고 보람을 느끼며 성장하게 하라.
다섯째, 사람의 심리를 이해하고 활용하라.

"나는 평생 하루도 일을 하지 않았다. 그것은 모두 재미있는 놀이였다."

7,000번의 실험을 통해 전구를 만들어낸 토머스 에디슨이 한 말이

다. 실패에 굴하지 않는 도전의 아이콘인 에디슨은 수천 번의 실패가 모두 재미있는 놀이였다고 말한다. 이 책에 5개의 메시지를 실행할 방법 30가지를 제시했다. 이야기한 방법들을 찾기 위해 무수한 시행착오를 겪었다.

　시행착오는 내가 세운 가설이 틀렸다는 사실을 알게 했고, 새로운 방법이 필요하다는 것을 깨닫게 했다. 시행착오를 실패라고 생각하지 않고 답을 찾아가는 실험이라고 규정했기에 지치지 않을 수 있었다. 가설을 세우고 검증해가는 실험이라 생각하면 도전이 즐겁다. 나의 동료인 당신이 이 책을 읽고 실천하여 과정을 즐기길 바란다.

참고 자료

영화 <더 울프 오브 월스트리트>
남에 대해 좋게 말하면 내 정신건강도 좋아져. https://kormedi.com/1408543

100만 클릭을 부르는 글쓰기, 신익수, 생각정거장
150년 하버드 글쓰기 비법, 송숙희, 유노북스
How Company Culture Shapes Employee Motivation, Lindsay McGregor & Neel
Doshi, Harvard Business Review
NLP 무한성취의 법칙, 스티브 안드레아스, 찰스 포크너, 김영사
SPIN SELLING, Neil Rackham, McGrowHill
고객을 불러오는 10억짜리 세일즈 레터 & 카피라이팅, 댄 케네디, 리텍콘텐츠
교섭력, 나이토 요시히토, 시그마북스
꽂히는 글쓰기, 조 비테일, 웅진윙스
더 팀: 성과를 내는 팀에는 법칙이 있다, 아사노고지, 리더스북
땡큐파워, 민진홍, 라온북
리셋 : 눈부신 탄생, 김필수, 살림비즈
마음에 착 달라붙는 카피 한 줄, 죠셉 슈거맨, 북스넛
모든 것을 결정하는 한 문장, 백건필, 국일미디어
무기가 되는 스토리, 도널드 밀러, 윌북
무엇이 성과를 이끄는가, 닐 도쉬, 린지 맥그리거, 생각지도
무조건 팔리는 카피 단어장, 간다 마사노리, 기누타 쥰이치, 동양북스
방아쇠 법칙, 죠셉 슈거맨, 북스넛
뱀의 뇌에게 말을 걸지 마라, 마크 고울스톤, 타임비즈

부자의 말센스, 김주하, 위즈덤하우스

상식 밖의 경제학, 댄 애리얼리, 청림출판

생각에 관한 생각, 대니얼 카너먼, 김영사

설득의 심리학, 로버트 치알디니, 21세기북스

슈퍼리치 영업의 기술, 심길후, 나비의 활주로

스틱, 칩 히스, 댄 히스, 웅진윙스

심리학을 만나 행복해졌다, 장원청, 미디어숲

영업, 질문으로 승부하라, 오정환, 호이테북스

영업의 정석, 심현수, 나비의 활주로

원위크마케팅, 마크 새터필드, 토트

전략프로페셔널, 사에구사 다다시, 서돌

초전설득, 로버트 치알디니, 21세기북스

총동기지수 조사의 세 가지 시사점, 정진호, 더밸류즈 정진호가치관경영연구소

최고의 팀은 무엇이 다른가, 대니얼 코일, 웅진지식하우스

카피 공부, 핼 스테빈스, 윌북

클로징, 지그 지글러, 산수야

팔지 마라 사게 하라, 장문정, 쌤앤파커스

협상의 법칙 1, 허브 코헨, 청년정신

후크 포인트, 브렌던 케인, 윌북